Jugendweihe

Deine Anleitung für den Start in die Erwachsenenwelt

Wie du schwere Entscheidungen und die großen Veränderungen im neuen Erwachsenenleben meistern kannst

Heiko Schneider

Jugendweihe- Deine Anleitung für den Start in die Erwachsenenwelt

Wie du schwere Entscheidungen und die großen Veränderungen im neuen Erwachsenenleben meistern kannst

Deutschsprachige Erstausgabe 2022

1. Auflage
Heiko Schneider

ISBN: 9798496836586

Inhaltsverzeichnis

Einleitung

Bist du gerade in der Phase angekommen, in der jeder etwas von dir will, und du große Entscheidungen treffen sollst? Beruf, Schule und am besten der Plan fürs Leben: Das ist oft einfach zu viel! Jetzt sind große Entscheidungen wichtig und zwischen Hormonen, erstem Liebeskummer und vielen Veränderungen kommen auch noch Schule, Berufsberatung und Co. mit dazu. Bist du überfordert und brauchst ein wenig Anleitung, um die wichtigsten Fakten rauszuholen und den ganzen Rest zu ignorieren? Dann bist du mit diesem Buch genau richtig, denn hier findest du alles Wichtige, was du fürs Erwachsenwerden brauchst!

Willst du deine Schuljahre so gut wie nur möglich schaffen, einen Traumjob finden und nicht irgendwas tun, nur um etwas Geld zu verdienen? Dann findest du hier Checklisten, Tipps und Tricks, wie du weiterkommst und dich nicht mit Unnötigem aufhältst. Gerade die Schule kann nerven, und es gibt vielleicht auch Tage, an denen du gar nicht hingehen willst. Um es dir leichter zu machen, soll dich dieses Buch dabei unterstützen, den Sinn zu finden, und dir Motivation zu schenken.

So viele Schüler haben das Gefühl, dass sie in der Schule zwar viel zu Themen wie Analysen, Zahlen, Vokabeln oder dem Aufbau von Gedichtinterpretationen lernen. Aber nichts oder kaum etwas, was im realen Leben hilft, oder auf das, was in den nächsten

Jahren kommt, ist man vorbereitet! Das ist der Grund, warum du in diesem Buch nicht nur Hilfe bei der Berufswahl bekommst, sondern genauso Tipps und Tricks rund um Finanzen und Geld. Schulden haben, immer Pleite sein oder keinen Überblick über die eigenen Finanzen haben? Das muss nicht sein! Außerdem gibt es den einen oder anderen Punkt, den man im Nachhinein gerne mit 14 oder 15 gewusst hätte, wenn alles zu viel, zu verwirrend und zu schnell ging. Diesen Extrapunkten habe ich ebenfalls ein Kapitel gewidmet, in dem die wichtigsten Fakten drin sind, die dir dein Leben leichter machen.

Wer schreibt hier überhaupt? Ich bin heute 26 und musste mich vor ein paar Jahren selbst mit allen Fragen beschäftigen, um die es dir heute geht. Mit einem kleinen Blick zurück hätte ich ein paar Dinge anders gemacht, hätte es mir einfacher gemacht und früher Wichtiges gelernt. Natürlich war es dann nicht zu spät, als mir all das aufgefallen ist, aber es hätte leichter sein können. Vielleicht wäre mir mit 15 mal besser aufgefallen, dass eine Ausbildung als Bürokaufmann nichts für mich ist und ich hätte weitergemacht, um zu studieren. Nach der Ausbildung merkte ich, dass alles in die falsche Richtung geht. Das kannst du viel leichter haben, du musst nur herausfinden, was dir liegt, worin du richtig gut bist und du wirst bald sehen, wie es weitergeht.

Zwischen dem, was cool ist und dem, was für die Zukunft Sinn macht, gibt es schon noch ein paar Unterschiede. Stand vorher nur im Vordergrund, Spaß zu haben, zu malen, zu rechnen, Aufsätze zu schreiben und die Arbeiten zu schaffen, wird es jetzt anders. Spätestens vor der ersten Berufsberatung oder vor dem ersten Praktikum kann es dann spannend werden. Und was ist mit dem eigenen Geld? Wie schaffe ich es, dass es länger reicht und ich nicht immer nach nur 2 Wochen im Monat fast nichts mehr übrighabe? Beim Start ins Erwachsenenleben gibt es eine ganze Reihe verschiedener Themen, die überfordern können, und die dafür sorgen, dass man nur noch weg will.

Mit dem Blick zurück hätte ich gerne einiges anders gemacht, nicht nur die langweilige Ausbildung. Ich habe mir später gewünscht, dass mir jemand mehr geholfen hätte. Nicht meine Eltern, von denen wollte ich nicht viel Rat annehmen. Aber jemand, der mir gesagt hätte, dass es nicht cool ist, in der Schule nur zu stören und absichtlich schlecht zu sein. Dass mein Praktikum im Gartenbau mit 14 ganz sicher eine böse Erfahrung wird, die mir vor allem zeigt, was ich nicht machen will. Oder, dass Berufsberatung nur helfen kann, wenn man sich mit sich selbst, mit eigenen Wünschen und Ideen beschäftigt und dass irgendeine Ausbildung nicht besser ist, als gar nichts zu haben. Zum Glück wurde mir sehr früh beigebracht, wie ich selbst mit Geld umgehe, richtig rechne, plane und wie ich Geld gut weglegen kann. Bei den Finanzen gab es deshalb nie Probleme. Beim Beruf, bei der Ausbildung und beim Studium später umso mehr. Warum hatte mir niemand gesagt, dass ich für ein Germanistik-Studium ein Latinum brauche? Oder, dass eine extrem langweilige Ausbildung zwar Geld, aber keine Lebensfreude einbringt? Natürlich habe ich viel gelernt, es hätte aber gerne leichter sein können.

Hier ist deine persönliche Unterstützung, deine Möglichkeit, deinen Weg zu finden, und dabei weniger Probleme zu haben. Eine kleine schlechte Nachricht möchte ich dir aber nicht vorenthalten: Die Schule wirst du abschließen müssen. Besser wäre es zumindest, denn ganz von allein dürfte es schwerer werden, den eigenen Weg zu finden. Es sei denn, du bist von Haus aus reich. Aber selbst dann wirst du bestimmt nicht dein Leben lang mit Netflix und der Playstation verbringen wollen, sondern willst sicher etwas machen, was dich erfüllt. Dabei wird dir dieses Buch ebenfalls helfen!

Eines steht fest: Der Start ins Erwachsenenleben ist spannend und dabei eine echte Herausforderung! Starte jetzt durch, checke deine Möglichkeiten und gehe deinen eigenen Weg!

Der Start ins Erwachsenenleben: Spaß, Spannung und etwas Verantwortung!

Früher wurde die Jugendweihe mit 14 oder 15 sehr häufig gefeiert, die für den Übergang zum Erwachsenenleben stand. Heute wird dieses Wort nicht mehr so stark genutzt, aber überall, in jeder Kultur ist es etwas Besonderes, wenn der Übergang vom Kinderalter hin zu zukünftigen Erwachsenen stattfindet. Das kann mal früher, mal später passieren. Meist kommen mit 14 oder 15 viele Veränderungen auf Jugendliche zu, es wird schon viel erwartet, obwohl du noch gar nicht voll Erwachsen bist. Denn das bist du erst mit 18. Zu den Kindern gehörst du aber schon lange nicht mehr und befindest dich damit in einer spannenden Übergangszeit.

Spaß erwartet dich jetzt, viel Spannung bei großen Veränderungen und ein wenig mehr Verantwortung als früher wirst du wohl auch tragen müssen. Am Ende ist es ganz egal, ob die Jugendweihe bei dir gefeiert oder überhaupt erwähnt wird, es geht um einen wichtigen Abschnitt in deinem Leben. Viele Entscheidungen müssen zwischen 14 und etwa 18 Jahren getroffen werden und es wird langsam spannend: In der Schule, bei der Suche nach einem Beruf, das erste eigene Geld winkt und Liebe, Sex und Selbstfindung sind wichtige Themen, die dich sicherlich beschäftigen werden.

Fühlst du dich schon für den Start ins Erwachsenenleben gerüstet? Bist du bereit, ein wenig in die Zukunft zu schauen oder etwas Verantwortung zu übernehmen? Oder sind dir die Schule, dein späterer Beruf oder gar Geld völlig egal? Auf den folgenden Seiten möchte ich dich auf eine kleine Reise durch verschiedene Stationen und Themen mitnehmen, die für deinen Start in das Erwachsenenleben wichtig sind. Es gibt viele Dinge, bei denen ich mir heute im Nachhinein gewünscht hätte, dass ich sie früher gewusst oder eine Anleitung dazu bekommen hätte.

Aber keine Angst: Du musst dich jetzt ganz sicher noch nicht entscheiden, was du in 30 oder 40 Jahren machst, und es gibt niemanden, der sagt, dass du jetzt schon wissen musst, wie deine gesamte Zukunft aussieht. Aber das eine oder andere kann und wird dir helfen, da wir dazu neigen, uns stark von unseren Eltern, unserer Umgebung und so manches Mal von Freunden beeinflussen zu lassen. Nur weil heute so viele Jugendliche direkt nach dem Abitur studieren, musst du dies auch machen? Du möchtest direkt Geld verdienen und gar nicht mehr lange warten? Dann ist eine Lehre perfekt. Wenn dein Wissensdurst genau wie dein Drang nach Freiheit nie zu stillen ist, dann ist es vielleicht doch nicht so schlecht, erst einmal zu studieren. Oder ins Ausland zu gehen. Es gibt so viele Möglichkeiten, dass es ganz normal ist, auch mal überfordert zu sein.

In diesem Buch möchte ich dir helfen und dafür sorgen, dass der Start in das Erwachsenenleben einfacher wird. Von Bildung und Schule bis hin zur Frage, welcher Beruf zu dir passt findest du einen Einblick mit vielen Tipps und Tricks, die dir helfen werden, deinen Weg zu finden. Außerdem verrate ich dir so manches, was ich als Jugendliche selbst gerne gewusst hätte, um es hier leichter zu haben. Natürlich macht jeder eigene Erfahrungen, den einen oder anderen Fehler und lernt dann erst mit der Zeit, worauf es wirklich ankommt. Aber es gibt einige Dinge, bei denen es Sinn macht, diese lieber früher als später zu lernen und sich auszukennen.

Also, ganz egal, ob wir es jetzt Jugendweihe oder den Start in das Erwachsenenleben nennen, es warten einige Veränderungen auf dich. Doch der Druck ist oft zu groß, es ist kaum möglich, mit 15 oder 16 zu wissen, was man einmal machen will. Und der Sinn der Schule oder der Bildung wird oft genauso wenig verstanden, wie es bei den oft unbeholfenen Tipps der Eltern der Fall ist. Du willst es leichter haben und willst vor allem erfahren, wie du in ein cooles Erwachsenenleben starten kannst, bei dem du nicht jeden Tag gefühlt die Zeiten bis zur Rente abstreichst? Dann solltest du jetzt weiterleben und wirst in diesem Buch viel darüber lernen, worauf es ankommt, wenn es um deine Zukunft geht. Und keine Sorge: Hier ist weder von Algebra noch von Englisch- oder Französisch-Vokabeln die Rede!

Welche Fragen solltest du dir mit 14, 15 oder 16 Jahren langsam beantworten können, welche Themen sind wichtig, damit du es leichter hast? Hier findest du eine Zusammenfassung der wichtigsten Bereiche, auf die wir dann in den kommenden Kapiteln noch genauer zurückkommen, um es dir ein wenig leichter zu machen:

1. Schule und Bildung

In der 8. oder 9. Klasse gibt es weniges, was noch uninteressanter als die Schule ist. Das zeigt sich oft in Noten, in der Einstellung zum Lernen und ist dabei wirklich schade, da auch diese Zeugnisse schon wichtig sind, falls du eine Ausbildung anfangen willst. Deshalb findest du hier die besten Tipps und Tricks, die dir das Lernen leichter machen und dir dabei helfen, den Fokus zu bewahren. Es lohnt sich wirklich, in der Schule durchzuhalten – leichter wirst du es in der Zukunft in jedem Fall haben, wenn du jetzt lernst und dich nicht die ganze Zeit ablenken lässt!

2. Der Beruf

So viele Möglichkeiten und natürlich will dir jeder etwas empfehlen und dir sagen, was du machen solltest. Typisch! Aber es gibt wirklich einige Optionen, um herauszufinden, was dir liegt, was du machen könntest, und wie du hier weiterkommst. Eines steht fest: Je früher du herausfindest, was dich erfüllt und dich glücklich macht, desto besser. Frage dich hier einfach, ob du glücklich oder ob du reich werden willst. Wobei das eine das andere natürlich nicht ausschließt! Wenn du deinen eigenen Weg finden und nicht in einen langweiligen Beruf reinrutschen willst, dann ist es wichtig, dass du weißt, was du magst, was du nicht magst und worin du richtig gut bist. Ich habe hinterher feststellen müssen, dass ich weder in körperlicher Arbeit noch mit Routine-Arbeiten im Büro glücklich bin. Besonders gut war ich darin auch nicht, da ich die Arbeit so gar nicht mochte. Wenn du schon jetzt anfängst zu checken, was du später einmal machen willst, oder schon ein klares Bild vor Augen hast, dann wird es später definitiv leichter für dich.

Da du von einer Ausbildung über einem Studium bis hin zu Praktika, Auslandsaufenthalten und Freiwilligenarbeit hier so viele Möglichkeiten hast, findest du in diesem Buch ausführlicher Antworten auf alle Fragen rund um den möglichen Beruf. Warum der so wichtig ist? Weil du in Zukunft rund 8 Stunden am Tag, mit Weg, Pause und Vorbereitung eher 10 Stunden täglich, mit der Arbeit verbringst. Es können noch mehr Stunden sein, da man nicht immer pünktlich Schluss macht. Gehen wir mal von 10 Stunden am Tag aus – das ist ja fast die Hälfte des Tages. Viel fehlt jedenfalls nicht mehr, damit du die Hälfte des Tages an 5 Tagen in der Woche arbeitest. Das ist für mich der Grund, warum es gar nicht hilft, irgendetwas zu machen oder Geld mit Arbeiten zu verdienen, die man nicht ausstehen kann. Du wirst davon nur krank, frustriert und ganz sicher unglücklich. Das muss nicht sein, deshalb ist es so wichtig, sich jetzt mehr um den Job zu kümmern und sich

Mühe mit der Suche nach dem Traumjob zu geben. Noch musst du nicht wissen, was du in 20 Jahren machst. Aber es hilft, wenn du schon weißt, in welche Richtung deine Zukunft gehen soll.

3. Das Geld

Es kann einem jetzt gefallen oder nicht, viel ändert sich aber nicht daran, dass es ohne Geld im Leben nicht geht. Außerdem ist es wichtig, zumindest ein wenig mit Geld umgehen zu können, den Wert von diesem zu kennen und zu wissen, wie man mit seinen Einnahmen und Ausgaben umgeht. Wer das als Teenager nicht lernt, kann meist im Erwachsenenalter nicht mit Geld umgehen und das führt oft dazu, dass es nie für die Dinge reicht, die dir im Leben wichtig sind. Erfahre hier, wie du früh starten und lernen kannst, mit Geld umzugehen, eigenes Geld zu verdienen und hier so vorgehen kannst, dass du später immer genug für alle wichtigen Träume hast.

Schulden sind alles andere als cool, helfen dir später nicht und sorgen dafür, dass du mehr Stress hast als nötig. Wenn du weißt, wie viel du hast, was du vermeiden solltest, und woran du dich orientieren kannst, wird es auf jeden Fall leichter. Einige wichtige Fakten rund um Geld, Versicherungen und Finanzen im Allgemeinen gebe ich dir aber auch noch mit, damit du weißt, worauf es ankommt.

4. Liebe/ Beziehungen

Worauf könntest oder solltest du achten, wenn es um Flirts, um erste Dates, um Beziehungen oder um

Sex geht? Ganz unabhängig von reiner Verhütung oder der Suche nach der Liebe deines Lebens, findest du in diesem Buch den einen oder anderen Tipp, der dir dein Gefühlsleben ein wenig einfacher macht. Denn ganz ohne erste Beziehungen, den einen oder anderen Kuss oder Flirts wäre es für viele im Teenageralter schließlich auch langweilig, nicht wahr?

5. Wer bist du?

Wir brauchen unser ganzes Leben, um ganz genau zu wissen, wer wir sind, was uns ausmacht und warum wir so einzigartig sind. Doch bereits in den Teenagerjahren hilft es bei allen Veränderungen, wenn dir bewusstwird, wer du bist. Dazu gehören deine Vorlieben und Abneigungen genau wie deine Persönlichkeit an sich. Im letzten Kapitel in diesem Buch findest du Hilfe dabei herauszufinden, wer du wirklich bist, und wie dir dieses Wissen letztendlich helfen kann. Je besser du dich selbst kennst, desto eher weißt du, was du magst, und was du gar nicht leiden kannst. Das hilft dir dabei, richtige Freunde zu finden und den Weg zu gehen, der zu dir passt. Das muss nicht der Weg sein, den alle gehen. Nur der, der zu dir und zu deinen Wünschen passt.

Starten wir mit dem Bereich, der für viele bestimmt eher langweilig ist, der aber trotzdem eine wichtige Rolle in deinem Leben spielen wird: Die Bildung. Du wirst auf den nächsten Seiten erfahren, warum es für dich selbst, für dein persönliches Glück und für alle Chancen in der Zukunft wichtig ist, die Schule, die Wahl der Kurse und Schwerpunkte sowie die Sprachen ernst zu nehmen. Dadurch kannst du dir später nervige Zusatzkurse ersparen und verbaust dir nicht die Chancen, die du sonst gehabt hättest.

Bildung ist alles: Warum es ohne Schule nicht geht

Och ne, nicht schon wieder! Geht es dir auch so, dass du schon morgens beim Schellen des Weckers nicht aufstehen willst und Schule manchmal wie reine Zeitverschwendung wirkt? Wer kennt das nicht, gerade Fächer wie Mathe oder Französisch braucht doch wirklich keiner. Leider gibt es Klausuren, Noten und immer wieder Ärger, wenn das Ergebnis nicht stimmt. Also: Auch wenn du keinen Bock hast, die Schule für Zeitverschwendung hältst, und lieber ausschlafen willst, sind die Stunden trotzdem wichtig! Du bekommst in der Schule alles vermittelt, was du für später dringend brauchst und kannst dadurch eine Ausbildung oder ein Studium machen. Brichst du die Schule einfach ab oder lernst nie, wird es mit dem Traumjob auch nichts. Natürlich gibt es Ausnahmen, soll ja manchmal vorkommen. Aber abgesehen davon, dass du für das Gesetz zur Schule gehen musst, ist die Zeit für dich selbst ganz wichtig! So schön ist der Gedanke schließlich nicht, dumm zu sein und in Gesprächen nie eine Antwort zu wissen, weil einfach die Grundbildung fehlt. Allgemeinbildung ist etwas, was du wirklich in der Schule lernst. Doch es geht in der Schule um mehr als um die reine Allgemeinbildung als um Mathe oder Vokabeln, es geht darum herauszufinden, was für dich wirklich wichtig ist. Was kannst du, was magst du und worin bist du so gut, dass andere dich bewundern?

Auf den folgenden Seiten gehe ich darauf ein, warum Schule so wichtig ist und warum ohne Bildung nichts geht. Ein bisschen Kohle für schöne Sachen im Leben willst du doch auch haben? Dann ist es umso wichtiger, in der Schule aufzupassen, damit du später einen zu dir passenden Beruf aussuchen kannst. Wenn dir deine Zukunft wichtig ist, macht es Sinn, sich um die Schule zu kümmern und hier vielleicht doch das eine oder andere in den vielen Schulstunden zu lernen. Um die kommst du sowieso nicht herum, dann kannst du auch das Beste draus machen!

Arbeite an deiner Zukunft: Darum zählt die Schule

Hast du dir schon einmal überlegt, was du später machen willst? Was ist dein Plan nach der Schule, was kannst du dir vorstellen? Ich meine jetzt keine Träume wie vielleicht, dass du Fußballstar oder Sänger werden willst, um nur zwei Beispiele zu nennen. Ich meine etwas, was du wirklich machen willst, was dir Spaß macht oder was du vielleicht in einer Berufsberatung herausgefunden hast. Ganz egal, was es ist, eines brauchst du immer: Einen Schulabschluss! Ganz egal ob du nach 10 Jahren oder nach dem Abitur abgehst oder später noch studieren willst, es gibt für alles die eine Grundlage. Die Schule. Ganz klar, denn ohne Schule, ohne Zeugnisse und passende Noten kannst du nichts von dem machen, was dich interessiert. Du willst etwas ganz

Bestimmtes machen oder dir noch alles offenhalten? Dann ist die Schule ganz wichtig und hilft dir dabei, deine Pläne umzusetzen.

Klar ist dabei, dass von nichts auch nichts kommen kann. Ein bisschen Einsatz ist daher schon wichtig, wenn es um die Schule und um deine Zukunft geht. Aber keine Sorge: Du musst nicht zum Streber werden, um es weit zu bringen, nur ein bisschen mehr Einsatz an der einen oder anderen Stelle macht auf jeden Fall Sinn. Dabei ist es ganz wichtig, dass du nicht nur für das nächste Zeugnis, für eine Klausur oder für eine ganz bestimmte Note lernst. Vielmehr geht es hier um deine Zukunft, um dich selbst und nicht um deine Eltern oder deine Lehrer, die dir vielleicht etwas aufzwingen wollen. Das glaubst du weniger? Dann schau dir einmal auf den nächsten Seiten an, warum es hilft, für dich selbst zu lernen und warum es um mehr als nur ein Zeugnis geht. Mit der richtigen Einstellung fällt es dir auf jeden Fall leichter, etwas zu verändern – es kann sogar passieren, dass dir die Schule plötzlich Spaß macht!

Lernen fürs Leben oder für das Zeugnis?

Jetzt weißt du schon, dass du am Ende für deine Zukunft lernst und nicht nur, um deine Eltern glücklich zu machen. Aber lernst du jetzt für das Leben, das Zeugnis oder vielleicht doch für dich selbst? Warum solltest du dich wirklich hinsetzen und lernen, selbst wenn es manchmal so langweilig wird?

„Du lernst nicht für die Schule oder für die Lehrer, sondern für dich selbst!“

„Was man lernt, das lernt man für sich selbst.“

Solche Sätze hast du bestimmt schon öfter gehört, ob von deinen Eltern, Großeltern oder Lehrern. Ich kann mir gut vorstellen, dass du genervt davon bist. Aber in den Sätzen steckt einiges an Wahrheit, die Schule soll dich auf dein späteres Leben vorbereiten, so viel steht fest.

Allerdings hat schon der berühmte römische Philosoph Seneca beklagt (den du vielleicht aus dem Lateinunterricht kennst oder von dem du sonst mal gehört haben könntest):

„Nicht für das Leben, sondern für die Schule lernen wir.“

Er hatte das Gefühl, dass er mehr für die Schule lernt als für sich selbst. Schon damals waren Philosophen wie Seneca also der Ansicht, dass die Schule zu wenig auf das wahre Leben vorbereitet. Vielen Schülern geht das auch heute noch so, sie fühlen sich zu wenig vorbereitet auf das richtige Leben. Im Jahr 2015 ging ein Tweet einer damaligen Abiturientin viral:

„Ich bin fast 18 und hab keine Ahnung von Steuern, Miete und Versicherungen. Aber ich kann 'ne Gedichtanalyse schreiben. In vier Sprachen."

Da ist viel dran, oder? Als Schüler wünscht man sich nichts sehnlicher als mit der Schule fertig zu sein. Keine nervigen Mitschüler, keine strafenden Lehrer und endlich kein Lernen mehr, oder? Man möchte frei sein, zwanglos und endlich das tun, was man mag. Jedoch hört die Lernerei nie auf, du wirst dein Leben lang etwas lernen. Nun bekommen wir in der Schule allerdings nicht selten das Gefühl, dass wir vieles vom Unterrichtsstoff nie wieder in unserem späteren Leben brauchen werden. Welchen Nutzen soll es auch haben, Formeln und Vokabeln auswendig zu lernen? Oder eine Gedichtanalyse zu schreiben, um bei dem genannten Tweet zu bleiben? Doch bietet dir die Schule einen wichtigen, wirklich wertvollen Grundbaustein. Sie vermittelt dir mehr als du denkst und vieles davon nebenbei, ohne dass dir dies bewusst ist. Hast du zum Beispiel deinen persönlichen Weg gefunden, um dir Formeln und Vokabeln zu merken, dann kannst du dies auf andere Situationen im Leben übertragen.

Das was du lernst, lernst du für dich und dein Leben! Du weißt, dass es ohne ausreichend Vorbildung schwer wäre, im Berufsleben Fuß zu fassen, aber auch für die Freizeit, Beziehungen und Privatleben ist die Schule wichtig. Wichtig ist zudem deine Einstellung zum Lernen, wenn du keinen Sinn, kein Ziel siehst und dir das Lernen eher schwerfällt, dann suche dir Hilfe. Hinterfrage aber auch einmal deine Strategien, wie du lernst. Hierauf kommen wir später noch einmal zurück und stellen dir die besten Tipps vor, die dir das Lernen leichter machen. Wenn du eh nicht drum herumkommst, kannst du es dir auch leicht machen.

Sicher empfindest du nicht alles, was du in der Schule lernst, als hilfreich und kannst dir bei vielen Dingen nicht vorstellen, wozu das nützlich sein soll. Meistens bemerken wir erst nach längerer Zeit, was wir wirklich aus unserer Schulzeit mitgenommen haben und was für uns hilfreich ist. Es wird im Unterricht natürlich auch immer Themen geben, die dich weniger interessieren, aber sieh es einmal so, dadurch wirst du dir auch bewusst, was du nicht möchtest. Die Schule gibt dir also auch an dieser Stelle eine Orientierung. Denn stell dir vor, du wüsstest nicht, was dir liegt und was nicht, und fängst zum Beispiel eine Ausbildung als Chemielaborant oder Chemielaborantin an. Erst dort merkst du dann, dass dieser Beruf dir überhaupt nicht liegt und alles was mit Chemie zu tun hat, absolut nicht dein Ding ist. Da ist es besser, früh genug herauszufinden, was du gut kannst und was dir gar nicht liegt. Dabei hilft dir Schule auf jeden Fall und damit lernst du irgendwie auch für dein Leben. Und Themen, die so gar nicht behandelt werden, findest du schließlich in diesem Buch, damit du zum Beispiel weißt, was du bei Finanzen oder bei der Suche nach einem tollen Beruf bedenken musst.

Die Schule gibt aber auch gewisse Regeln vor, sie gibt dir vor, was zu tun ist und wann du zum Unterricht erscheinen musst. Nach und nach wirst du aber mehr Verantwortung tragen. Im Berufsleben wird meist eine hohe Eigenverantwortung erwartet, das ist einerseits sehr gut, denn du hast viel Freiheit, du kannst dich entfalten und die Dinge auf deine Weise erledigen. Außerdem kannst du selbst wählen, welchen Beruf du ausüben möchtest. Andererseits bedeutet viel Verantwortung auch mehr Druck und Stress, du musst eigenständig passende Entscheidungen treffen und das oftmals sehr schnell. Zudem musst du natürlich trotzdem mit Vorgesetzten und Kollegen zusammenarbeiten und auf einen gemeinsamen Nenner kommen. Die Schule bietet dir hierfür ein hervorragendes Übungsfeld, du kannst ganz „sanft“ lernen, immer mehr Verantwortung zu übernehmen und wirst dich dadurch auch später sicherer fühlen. So schlecht ist es daher gar nicht, dass du einen festen Zeitplan hast und immer wieder gefordert wirst!

Werte fürs Leben - was du in der Schule nebenbei lernst

In der Schule lernst du nicht nur Stoff und für Unterrichtsfächer wie Physik, Mathe, Englisch oder Geografie. Du lernst ganz nebenbei, wie du dich in der Gesellschaft verhältst und was dich ausmacht.

Durch Schule werden dir soziale Kompetenzen und Werte vermittelt, die für dein späteres Leben extrem wichtig sind, dazu gehören zum Beispiel:

- **Respekt und Achtung**

Was ist eigentlich Respekt? Jeder redet davon, aber keiner kann den Begriff wirklich klar erklären. Respekt ist ein menschliches Grundbedürfnis, jeder von uns möchte respektiert werden, unabhängig von seiner Herkunft, Hautfarbe, persönlicher Eigenschaften oder seines Geschlechts. Respekt das bedeutet auch Achtung, Höflichkeit, Anerkennung und Fairness. Nicht nur in der Schule wollen wir respektiert werden, sondern auch im privaten Umfeld und in der Freizeit.

Unsere Familien dienen uns als Vorbilder. Wenn wir andere Menschen demütigen oder herablassend behandeln, dann verhalten wir uns respektlos. Beleidigungen und Beschimpfungen sind typisch für respektloses Verhalten. Manchmal merken wir das vielleicht gar nicht sofort, wenn wir andere beleidigen oder selbst beleidigt wurden. Oftmals ist es auch keine Absicht und dennoch trägst du die Verantwortung für dein Verhalten. Beobachte dich daher immer wieder selbst, ob du respektvoll mit deinen Mitschülern und Lehrern umgehst und ob man dich selbst respektvoll behandelt. Eine respektvolle Haltung kommt aus deinen Inneren, es bedeutet jeden Menschen so zu akzeptieren, wie er ist, inklusive dich selbst.

- **Pünktlichkeit**

Pünktlichkeit sollte eigentlich selbstverständlich sein und hat ebenfalls etwas mit Respekt und Wertschätzung zu tun. Wenn wir uns mit Freunden treffen, dann möchten wir auch nicht, dass sie uns warten lassen. Die Ausrede „Sorry, ich hatte Gegenwind“ zählt also nicht. Im Berufsleben haben wir meistens feste Zeiten, wir können es uns nicht erlauben, zu spät zu kommen. Denn dann gibt es nicht nur Ärger, Unpünktlichkeit wird für uns auch ein Nachspiel haben. Wenn unsere Arbeitszeit um 7 Uhr beginnt, dann müssen wir pünktlich da sein. Schlimmstenfalls könnte ein Zuspätkommen sogar bedeuten, dass wir gekündigt werden oder eine Abmahnung bekommen. Diesen Stress brauchst du weder jetzt in der Schule noch später im Beruf.

Wenn wir pünktlich sind und vorgegebene Zeiten einzuhalten, dann lernen wir auch, was es bedeutet zuverlässig zu sein. Zuverlässigkeit ist eine Stärke und eine wichtige Eigenschaft, die dir hilft, sowohl jetzt als auch im späteren Leben erfolgreich zu sein. Wenn du oft unpünktlich bist, dann frage dich, was hält dich davon ab? Lässt du dich leicht ablenken? Schaffst du es nicht, dich früh genug auf den Weg zu machen? Es ist wichtig, dass du schon bereits vor dem Termin oder dem Treffen auf diesen vorbereitest. Plane immer ein bisschen mehr Zeit ein als du wirklich brauchst. Dann gerätst du nicht so schnell in Stress und bis auch bei Hindernissen noch pünktlich. Pünktlichkeit klingt erstmal nicht so cool oder spannend, ist aber extrem wichtig, wenn es um das zukünftige Leben geht.

- **Hilfsbereitschaft**

In der Schule lernst du, dich auch einmal für Schwächere einzusetzen. Du lernst zu erkennen, wenn jemand Hilfe benötigt und deine Hilfe anzubieten. Des Weiteren lernst du, auf andere Schüler oder auch auf Lehrer Rücksicht zu nehmen. Wenn du zum Beispiel gut in Mathe bist, kannst du deinen Klassenkameraden helfen, den Stoff ebenso gut zu verstehen. Oder du bist jemand, der bei Streit gut vermittelt kann zwischen den Fronten. Manchmal sind es aber auch die kleinen Dinge, ein Lächeln, jemandem die Tür aufhalten, damit hilfst du nicht nur dem anderen. Denn Helfen fühlt sich auch für dich gut an. Durch ehrenamtliches Engagement zum Beispiel im Tierheim oder im Seniorenheim, kannst du diese wichtige Eigenschaft zusätzlich stärken.

- **Toleranz**

Sowohl in der Schule als auch in deinem privaten Umfeld kommen sicherlich viele unterschiedliche Menschen zusammen. Es gibt verschiedene Kulturen, Eigenheiten, Menschen mit und ohne Behinderung. In der Schule lernst du, Vorurteile gegenüber Fremden und Unbekannten abzubauen und du lernst Vielfältigkeit kennen. Oftmals sind wir als Schüler sogar toleranter als die älteren Menschen, weil wir regelmäßig in Kontakt mit vielen unterschiedlichen Menschen stehen.

- **Selbstständiges Lernen und Arbeiten**

In der Schule lernst du, wo du Wissen findest, und wie du dir dieses am besten aneignest. Je älter du wirst, umso mehr Verantwortung erhältst du idealerweise. Du planst und steuerst dein Lernen immer mehr selbst und wirst dadurch auch allgemein selbstständiger. Für dein Leben ist Selbstständigkeit sowohl im beruflichen als auch im privaten Bereich extrem wichtig. Probiere dich gern selbst aus und erledige Dinge im Privaten allein, um unabhängiger und selbstbestimmter zu werden.

- **Teamwork**

Die Schule ist ein Ort, an dem viele unterschiedliche Persönlichkeiten aufeinandertreffen. Freundschaften zerbrechen, neue entstehen. Nicht mit jedem kommst du logischerweise gut klar, jedoch bietet das auch hier die Möglichkeit, Teamfähigkeit zu lernen. Du löst Konflikte, lernst für dich einzustehen und bist ein Teil einer Gruppe. Zwar geht es in der Schule häufiger darum, Einzelleistungen zu bringen, aber bei Projekten und beim Sport arbeitet ihr im Team. Jeder übernimmt einen persönlichen Part und bringt sich für ein gemeinsames Ziel und Ergebnis ein. Man erhält Anerkennung, wird auch kritisiert. Du bringst deine eigene Meinung und eigene Einflüsse ein und lernst, kritikfähig zu werden.

- **Prägnanz – das Wesentliche herausziehen**

Im Berufsleben musst du in der Lage sein, schnell gute Lösungen zu finden. Die Schule bereitet dich auch hierauf vor. Du lernst aus einer großen Menge an Stoff das Wichtigste und Wesentliche herauszufiltern, Inhalte zusammenzufassen und mit einem persönlichen Fazit deine eigene Ansicht einzubringen. Im Beruf, aber auch bei privaten Dingen ist es extrem wichtig, den Kern zu erfassen und wiederzugeben. Denn oft steht dir nur eine begrenzte Zeit zur Verfügung, um Aufgaben zu erledigen und dann darfst du dich nicht im Detail verlieren, sonst wirst du das Ziel verfehlen.

- **Work-Life-Balance**

Von der Work-Life-Balance sprachen wir in vorherigen Kapiteln schon. Vielleicht hältst du es jetzt noch nicht für wichtig, aber schon jetzt brauchst du ein gutes Gleichgewicht zwischen Schule und Freizeit. Und für ein langes und gesundes Arbeitsleben musst du schon jetzt auf dich Acht geben. Manches tust du bestimmt bereits aus dem Bauch heraus. Bestimmt setzt du dich nicht sofort nach der Schule an die Hausaufgaben oder fängst mit dem Lernen an, oder? Du machst erst einmal eine Pause und merkst mit der Zeit, was dir hilft, nach der Schule runterzukommen. Vielleicht hörst du Musik, triffst dich mit Freunden oder powerst dich beim Sport aus. Du wirst aber auch feststellen, wie wichtig es ist, regelmäßig für Erholung zu sorgen, Sport zu treiben, Gesundes zu kochen und zu essen und regelmäßig Kontakt zu Freunden zu haben.

- **Du lernst in der Schule, wie du lernst**

Hä? Ja, genau das, du lernst, wie du persönlich dir den Stoff am besten aneignen kannst. Es gibt unterschiedliche Lerntechniken, -strategien und -methoden. Zu meiner Schulzeit war es noch nicht so verbreitet, dass man sich mit den unterschiedlichen Lernmethoden beschäftigt. Erst im Nachhinein habe ich gemerkt, dass ich mir vieles erspart hätte, wenn ich die unterschiedlichen Lernstile und Lernmethoden gekannte hätte. In der Schule wird der Stoff häufig vor allem auditiv vermittelt, also dein Lehrer spricht und du hörst zu. Manche Schüler lernen aber besser durch Bilder, Grafiken, Videos oder dadurch, dass sie sich selbst ausprobieren können.

16 gute Lernstrategien			
Karteikarten	**DIY-Memory**	**Loci-Methode**	**Geschichte erzählen**
Mindmap	**Mnemotechnik**	**Songs komponieren**	**Podcast/Hörspiel**
Mit Lernpartnern diskutieren	**Eigene Worte nutzen**	**Selbstgespräche über den Lernstoff**	**Alltagsbeispiele finden**
Lerntafel/ plakat	**Rollentausch**	**Nachhilfelehrer**	**Lernplan**

Lerntypen nach Frederic Vester	
Auditiver Lerner	Lernt durch Zuhören und Diskussionen. Er eignet sich sein Wissen am besten durch Frontalunterricht und Sprachaufnahmen an. YouTube-Videos und Podcast sind für ihn ideal.
Visueller Lerner	Lernt durch Bilder, Grafiken, Mindmaps und Lesen. Am besten merkt sich dieser Lerntyp den Stoff, wenn er Texte und Bilder zur Verfügung hat.
Intellektueller Lerner	Lernt durch Nachdenken. Er kann Informationen am besten behalten, wenn er diese kritisch hinterfragt.
Haptischer Lerner	Lernt durch „learning by doing, Er möchte sich ausprobieren und kann vor allem durch praktische Umsetzung lernen, z.B. Sprachreisen, Experimente.

In welchem Lerntyp findest du dich am ehesten wieder? Selbstverständlich gibt es auch Mischtypen. Mancher lernt außerdem lieber in der Gruppe, andere können am besten lernen, wenn sie allein sind. Es gibt aber nicht nur eine Möglichkeit, sich Lernstoff einzuprägen, auch hier solltest du ein wenig herumprobieren, um herauszufinden, was dir am besten liegt.

- **Stärken und Schwächen**

Du lernst in der Schule viel über dich selbst. Du kannst herausfinden, wo deine Stärken und Schwächen liegen. Durch den Vergleich mit anderen lernst du auch, dich einzuordnen und dich gegenüber anderen Schülern abzugrenzen, du bildest deine eigene Persönlichkeit immer stärker heraus. Du wirst merken, ob du jemand bist, der gut vor anderen Leuten sprechen kann, oder ob du vielleicht eher der schriftliche Typ bist. Vielleicht merkst du, dass du bei Konflikten gut vermitteln kannst und ein guter Zuhörer bist. Vielleicht bist du aber auch eher der, der andere unterhält und Späße macht. Hier gibt es kein richtig oder falsch, da jede Persönlichkeit wichtig ist und es dir immer helfen wird, wenn du dich schon besser kennst und weißt, was du kannst und was nicht.

- **Der Umgang mit digitalen Medien**

Mit digitalen Medien, Internet und Co. bist du bereits aufgewachsen. Du hast dir vieles selbst angeeignet und einiges hat dir deine Familie beigebracht. In der Schule lernst du aber auch, wie du offizielle E-Mails verfasst, wie du eine PowerPoint-Präsentation erstellst und gekonnt präsentierst. In vielen Schulen kommen auch Simulationsprogramme zum Einsatz, so kannst du dich ausprobieren. Des Weiteren gibt es spezielle Lernprogramme und du lernst, verantwortungsvoll mit Social Media umzugehen. Diese Kenntnisse sind später immer wieder von Nutzen. Außerdem helfen YouTube, Google und Co. wirklich beim Lernen, und machen dir dein Leben in der Schule viel leichter. Damit ist aber nicht gemeint, dass du jeden Tag drei Stunden durch den News-Feed scrollst...

Kurse richtig wählen: Es gibt mehr als Sport und Kunst

Irgendwann kommt der Zeitpunkt, an dem du deine Kurse aussuchen musst und dich entscheidest, welcher Schwerpunkt für dich der richtige ist. Spätestens wenn es zur Oberstufe geht, wird diese Auswahl richtig wichtig. Doch du musst dich ja schon vorher entscheiden und wählst vielleicht zwischen Latein und Französisch. Eine Entscheidung, die bei Schülern oft zu Zweifeln führt.

Ganz oft sucht man sich in der Schule Kurse aus, die leichtfallen, in denen man gute Noten hat und die es bei Prüfungen einfacher machen. Das ist natürlich richtig so, denn wenn du in den Mathe-Leistungskurs gehst und Mathe nie richtig verstanden hast, dann erwarten dich weniger schöne Jahre. Aber auch hier gilt, dass du einen kleinen Blick auf die Zukunft werfen solltest. Wenn du beispielsweise an Sprachen interessiert und richtig gut in diesen bist, dann lohnt es sich, möglichst viele Sprachen zu belegen und es dir bei den Naturwissenschaften leicht zu machen. Andersherum gilt es natürlich genauso.

Obwohl die Entscheidung für oder gegen Kurse wichtig ist, solltest du dich jedoch nicht zu stark von diesen beeinflussen lassen. Denn diese sind zwar wichtig, deine Zukunft hängt aber nicht unbedingt davon ab. Dafür kenne ich zu viele Menschen, die trotz Schwerpunkt in Richtung Naturwissenschaften und Wirtschaft im Abi am Ende noch Sprachen studiert haben. Ganz oft entscheidet man sich halt später, ist sich unsicher oder sucht nach Fächern, die man vielleicht zusammen mit den besten Freunden belegen kann. Was ja verständlich ist.

Ich habe trotzdem 3 Tipps für dich, die dir bei der Wahl deiner Leistungskurse oder Schwerpunkte helfen:

#1 Deine Stärken werden zu deinen Fächern

Wenn du keinen Bock auf ein Fach hast, dann willst du dafür nicht lernen und wirst keine Motivation finden. Deshalb solltest du es dir selbst nicht schwerer machen, als es sein muss. Richte dich bei der Wahl deiner Kurse nach deinen Stärken. Das muss natürlich nicht Sport oder Kunst sein, obwohl es je nach Stärke und Vorliebe eine solche Kombination sein kann. Vielleicht hast du andere Stärken entdeckt und es macht Sinn, diese auszubauen? Ich habe immer gerne Essays, Geschichten und Analysen geschrieben und jedes Gedicht fein säuberlich zerlegt. Der Deutsch-Leistungskurs machte daher Sinn für mich. Vielleicht sind es bei dir Vokabeln und andere Sprachen, die dir Spaß machen und eher zu Englisch führen oder du liebst Mathe und wählst dieses Fach. Es macht keinen Sinn, sich für Fächer zu entscheiden, die dir nicht liegen und die dir empfohlen werden. Höre deshalb nicht nur auf deine Eltern oder auf Berufsberater, sondern gehe den Weg, der zu dir passt.

#2 Sprich mit älteren Schülern

Du bist dir noch unsicher, welche Fächer die besten für dich sind? Gerade bei den naturwissenschaftlichen Fächern, von denen du nun einmal eines für das Abi brauchst, sind viele Schüler überfragt. Sprich daher mit älteren Schülern oder erkundige dich bei YouTube, worauf es in den Fächern ankommt. Dann kannst du viel einfacher eine Entscheidung treffen und weißt, welche Fächer du wegen des hohen Aufwands beim Lernen doch meiden solltest. Vergiss nicht, unnötig schwermachen musst du dir dein Leben nicht. Der Bio-Leistungskurs rettet dich zum Beispiel vor Mathe, bedeutet aber ganz viel Lernen und wird von vielen Schülern im Anschluss verflucht. Je besser du vorher schon Bescheid weißt, desto leichter fällt es dir später.

#3 Den Beruf und die Lehrer im Blick haben

Du weißt schon, was du später machen möchtest? Dann solltest du deine Fächer ein wenig auf den Berufswunsch abstimmen, um es später leichter zu haben. Wenn du zum Beispiel Medizin, Pharmazie oder eine Naturwissenschaft studieren willst, dann bieten sich Biologie und Chemie an. Zukünftige Programmierer und Computerliebhaber sind mit Mathe gut bedient und alle, die etwas mit Fremdsprachen machen wollen, sollten hier ihren Schwerpunkt legen. Manchmal lohnt es sich hier, sich näher zu informieren, um eine Vorstellung zu haben, was dir hilft. Zukünftige Archäologen wie Indiana Jones schaffen es rein durch ihren Verstand, lassen sich aber mit Geschichte, Geografie und natürlich einer Sprache helfen. Man möchte doch wissen, wo die Schätze sind und sich mit den Menschen vor Ort verständigen können.

Dann ist es wichtig, dass du dir die Bedingungen in deinem Bundesland genauer ansiehst. Du brauchst im Normalfall nicht nur zwei Leistungskurse, sondern auch ein schriftliches Prüfungsfach und musst eine mündliche Prüfung ablegen. Wenn du richtig gut in Englisch oder in Sozialwissenschaften bist, dich aber überhaupt nicht mit deinem Lehrer verstehst, ist das nicht die beste Wahl. Bei mündlichen Prüfungen kommt es immer mit auf den Lehrer an, sodass es besser ist, ein Fach zu nehmen, wo du gut mit dem Lehrer stehst. Damit machst du dir das Leben leichter – und das ist doch viel Wert!

Musstest du dich vorher schon entscheiden und zum Beispiel Spanisch oder Französisch nehmen? Oder zwischen Latein und einer anderen Sprache wählen? Dann kannst du versuchen, noch einmal in dich reinzuhören und zu überlegen, warum du diese Entscheidung getroffen hast. Ich gebe zu, dass meine frühere Entscheidung für Spanisch die war, dass ich als Kind immer durch Südamerika reisen wollte. Und ich fand zu dem Zeitpunkt Spanien als Urlaubsland cooler als Frankreich – da ist es doch praktisch, die Sprache zu können. Bei mir hat die Überlegung gestimmt, ich hatte immer Lust, Spanisch zu lernen und habe die Entscheidung nie bereut. Vielleicht ist es bei dir anders und du hast das Gefühl, dass du im Nachhinein lieber eine andere Entscheidung getroffen hättest. Auch dagegen ist nichts einzuwenden, hier könntest du es doch beim nächsten Mal besser machen und die Kurse wählen, die zu dir passen? Erstmal kann dann nichts mehr schiefgehen und dann machst du dir das Leben nicht unnötig schwer, wenn es später ums Lernen geht. Diese ganzen Überlegungen sind sowieso nur wichtig, wenn du die Schule bis zum Abi weitermachen willst. Wenn nicht, kannst du direkt beim nächsten Kapitel weiterlesen, wie du deinen Traumjob findest. Und nimmst vorher vielleicht noch die Lerntipps auf den nächsten Seiten mit. Denn egal in welchem Fach, es hilft immer, so einfach wie möglich zu lernen. Dann bleibt mehr Zeit zum Entspannen übrig.

Wichtige Tipps zum besseren Lernen

So viel Stoff, es bleibt einfach nichts hängen? Oder scheint die Sonne, du willst raus zum Chillen, für eine Runde Sport oder zu deinen Freunden und deine Bücher warten? Kennen wir alle, doch es kann viel leichter sein. Du brauchst nur die besten Tipps, um leichter zu lernen. Dann bleibt Zeit für alles, was dir Spaß macht und du schneidest trotzdem besser in der Schule ab. Hier findest du meine 5 besten Tipps, die wirklich helfen und dir wieder Zeit für die wichtigen Dinge im Leben verschaffen. Womit nicht so wirklich die Schule gemeint ist.

#1 In 10 Minuten den Schweinehund besiegen

Boah, ist das viel! Manchmal kommt einem der ganze Lernstoff wie ein riesiger Berg vor. Dann noch die Hausaufgaben und schon beginnen wir mit dem Schieben. Mit dem Ergebnis, dass der Berg immer größer wird und irgendwann die Verzweiflung einsetzt. Das muss nicht sein! Es gibt einen guten Trick, den du sogar mit einem Timer oder einer App für mehr Produktivität nutzen kannst. Nimm dir nur 10 Minuten vor und sage dir, dass du jetzt 10 Minuten lernen oder arbeiten wirst, um weiterzukommen. Gerne kannst du nach 10 Minuten aufhören, wenn du später am Abend noch einmal 10 Minuten einlegst, und morgen das gleiche machst. Meistens ist es aber so, dass du nach 10 Minuten das ganze gar nicht mehr so schlimm findest und weitermachen willst. Aus den 10 Minuten werden 20 oder vielleicht sogar 30 – es geht nur darum, dass du anfängst und den Schweinehund mit dieser kurzen Zeit überwinden kannst. Und mal ehrlich, jeder hat 10 Minuten, immer! Das ist nicht viel Zeit.

Noch ein kleiner Extratipp: Teile dir deinen Lernstoff genauso in kleinen Portionen ein. Versuche gar nicht erst den großen Berg auf einmal zu schaffen, sondern nimm dir immer nur einzelne Kapitel oder einzelne Vokabeln und Formeln vor. Je nach Fach eben. Wenn du die große Masse ein wenig runterbrichst, sieht es direkt viel weniger schlimm aus und du gehst entspannter an alles heran.

#2 Eselsbrücken vor: Schaffe Verbindungen

Du kannst dir einfach keine Vokabeln oder Formeln merken? Und die blöden Jahreszahlen aus dem Geschichtsunterricht bleiben auch nie im Kopf, bis du sie mal brauchst? Dann musst du Verbindungen schaffen, die deinem Gehirn helfen, im entscheidenden Moment die richtigen Informationen herauszurücken. Eselsbrücken helfen dir dabei, dass du dir alles Mögliche leichter merken kannst. Das Schöne daran ist, dass dir solche Verbindungen in Prüfungen helfen und dich vor einem Blackout bewahren.

#3 In eigenen Worten + Ton, bitte!

Dir hilft es rein gar nichts, irgendetwas laut vorzulesen und zu versuchen, dir Inhalte einzuprägen? Willkommen im Club! Versuche bei jedem Thema, dieses mit eigenen Worten zusammenzufassen. Das kannst du mündlich oder schriftlich machen, ebenso, wie es dir besser passt. Wobei mündlich schneller geht und du direkt lernst, frei über ein Thema zu sprechen. Das hilft garantiert für Referate und alle möglichen Vorträge in der Zukunft, gerade wenn du sonst eher ein bisschen zurückhaltend bist! Extratipp gefällig? Nimm das, was du erzählst auf, und höre es dir im Anschluss an. Hast du die wichtigsten Punkte getroffen, verstehst du alles oder solltest du an irgendeiner Stelle noch einmal nacharbeiten? Es hilft wirklich immer, den Lernstoff mit eigenen Worten wiederzugeben und nicht zu versuchen, stur auswendig zu lernen!

#4 Lernstoff ordnen: Von Klebezetteln bis zu bunten Farben

Sorge dafür, dass du einen Überblick bekommst! Egal, ob du mit Klebezetteln, bunten Farben oder mit Zusammenfassungen arbeitest, es geht immer darum, dir einen Überblick zu verschaffen. Dir wird alles zu viel und du findest nichts mehr? Dann brauchst du erst recht eine Methode, um klarzukommen. Sortiere alles zu den einzelnen Fächern, teile dann nach einzelnen Themenbereichen auf und versuche, dir bei jedem Thema einen Überblick zu verschaffen. Das geht mit Zusammenfassungen, die du im Internet findest, mit dem Schreiben von eigenen Notizen oder mit dem Einarbeiten von Klebezetteln und Karteikarten. Vergiss nicht, dass es auch für deine Zukunft oder für den Beruf immer wichtig bleiben wird, das Wichtigste bei einem Thema rauszufiltern. Konzentriere dich also auf das Wesentliche und versuche, jedes Thema in die wichtigsten Begriffe runterzubrechen. Dann musst du viel weniger lernen, bist nicht verzweifelt und behältst sofort den Überblick!

Noch ein Tipp: Egal wie öde es klingt, ein aufgeräumter Schreibtisch hilft ebenfalls Wunder, um nicht im Chaos zu versinken!

#5 Wozu gibt es YouTube?

Du verstehst nur noch Bahnhof? Was genau will der Lehrer da überhaupt sagen? Wenn du innerlich abschaltest und dann vor einer Klausur merkst, dass doch einiges fehlt, hilft eines sehr gut: YouTube! Hier gibt es Videos zu allem und gerade bei schweren Themen gibt es genug Videos, in denen alles viel leichter erklärt wird. Hier können dir ein paar Minuten das Leben leichter machen, wenn du dich nur drauf einlässt. Ganz egal ob Mathe, Bio oder vielleicht doch die komische Gedichtanalyse – suche nach passenden Videos, schau sie dir an und gehe im Anschluss entspannter durchs Leben!

Überhaupt macht es Sinn, nicht stur auswendig zu lernen oder sich ewig mit dem gleichen Thema zu beschäftigen. Wenn du es in der Schule nicht verstehst, kann es auch einfach daran liegen, dass dein Lehrer es nicht gut erklärt. Ich war eine Zeitlang richtig schlecht in Mathe und bin von einer 2 auf eine 5 abgerutscht – nach einem Lehrerwechsel! Das hat mich Nachhilfe und viel Arbeit gekostet, aber dann ging es wieder, weil ich im Unterricht den ganzen Erklärungen mehr folgen konnte. Wichtig ist für dich, dass du mit ganz wenig Aufwand viel schaffen kannst, wenn du nur weißt wie. Deshalb sind Videos, Zusammenfassungen und das Verständnis der einzelnen Themen am wichtigsten. Dann klappen plötzlich auch frühere Alptraumfächer. Ganz ohne Spicker in der Prüfung – aber nur, wenn du den Überblick behältst und immer ein bisschen was machst. Wer alles ganz liegen lässt und nicht mehr will, wird hier mehr Probleme haben und eher scheitern. Das muss wirklich nicht sein, denn du kannst jedes Thema verstehen, ohne Ausnahme. Du musst dich nur damit beschäftigen und dir richtig helfen lassen!

Pure Verzweiflung in der Schule? Von wegen!

Die Schule entscheidet darüber, was du später einmal machen kannst. Du willst deinen Weg gehen, dich nicht langweilen und willst neues austesten? Na, dann ist das erst recht ein Grund, warum Schule so wichtig ist. Je besser es bei dir in der Schule läuft, desto leichter kommst du später zurecht. Auf den letzten Seiten ging es mir darum zu zeigen, warum Schule so wichtig ist, und warum es sich vielleicht sogar lohnt, bei öden Fächern mitzumachen. Verzweifeln musst du in der Schule aber ganz bestimmt nicht. Mit den vorgestellten Lerntipps, mit regelmäßiger Mitarbeit oder sonst durch Nachhilfe wird es leichter, mitzukommen. Ganz oft ist es die eigene Einstellung, denn die Schule fällt viel leichter, wenn du eingesehen hast, dass es ohne sowieso nicht geht!

Am schönsten wäre es natürlich, wenn dir die Schule leichtfällt, du sogar Spaß am Lernen bekommst und weißt, warum du jeden Morgen hingehst. Dann kommen noch die Freunde dazu, die man in der Schule finden kann und die oft für lange den Weg mit dir zusammen gehen. Viele Schüler entdecken während der Schulzeit etwas, was ihnen so gut gefällt, dass sie sogar mit einem Studium weitermachen wollen. Warum auch nicht, denn wenn du in etwas richtig gut bist oder Spaß daran hast, kannst du hier anknüpfen. Verzweiflung in der Schule muss aber ganz bestimmt nicht sein! Wichtig ist nur, dass du lernen willst und dann mit den richtigen Tipps und Tricks so vorgehst, dass dir die einzelnen Fächer leichter fallen. Ganz wichtig ist dann noch, dass du Gründe findest, warum und wofür du lernen willst. Warum möchtest du die nächste Klausur schaffen, geht es dir wirklich nur um die Note oder willst du lernen und besser werden? Vielleicht hast du sogar den Spaß an einem bestimmten Thema entdeckt? Dann solltest du hier unbedingt weitermachen und dich nicht davon abhalten lassen, noch besser zu werden. Spätestens wenn du dich dann mit deiner Zukunft, deinem Traumberuf und allem, was sonst noch kommt beschäftigst, weißt du auch, warum du weitermachen solltest. Verzweiflung in der Schule bedeutet schließlich, dass du keinen Plan hast, kein Ziel und gar nicht weißt, warum du dich bemühst. In diesem Buch geht es mir darum, das zu ändern und dir Gründe zu geben, die keine Verzweiflung mehr in der Schule zulassen.

Die nächsten Seiten beschäftigen sich mit einem weiteren ganz wichtigen Thema, um das du beim Erwachsenwerden sowieso nicht herumkommst: Die Suche nach einem Beruf! Wenn du es schon jetzt schaffst, deinen eigenen Weg zu gehen und weißt, was du kannst und was nicht, fällt dir die Entscheidung für einen Beruf viel leichter. Und dafür ist die Schule da: Du weißt danach ziemlich gut, was du gar nicht magst. Und glaub mir: Das ist ganz viel Wert!

Die große Berufsfrage: Gehe deinen eigenen Weg

Mit dem Start ins Erwachsenenleben musst du so einige Entscheidungen treffen, die dein Leben deutlich verändern werden. Jetzt heißt es, mehr Verantwortung übernehmen. Jetzt neigt sich die Schullaufbahn dem Ende zu, dann stellt sich die große, spannende Frage nach dem: „Was mache ich danach und welcher Beruf passt eigentlich zu mir?" Bestenfalls hast du dich schon lange vor deinem Abschluss mit den Möglichkeiten beschäftigt, doch die scheinen schier endlos zu sein. In der heutigen Zeit stehen dir jede Menge Türen offen. Es gibt unzählige, interessante Studiengänge und Ausbildungen. Es gibt viel mehr Wege und Auswahlmöglichkeiten als deine Eltern und Großeltern sie hatten. Du brauchst nicht mehr das Familiengeschäft zu übernehmen, kannst frei entscheiden und kannst deinen eigenen Weg gehen.

Du hast heute also echt viel Freiheit, aber auch die Qual der Wahl. Denn es ist bei den vielen Möglichkeiten gar nicht so einfach den Überblick zu behalten. Die entscheidende Frage bleibt: Was möchte ich werden? Vielleicht willst du dich ja gar nicht sofort ins Berufsleben stürzen und erstmal ein paar Erfahrungen sammeln, was von der Welt sehen, mit Freunden abhängen und einfach ein paar Monate chillen.

Soll ich lieber studieren oder mache ich lieber eine Ausbildung?

Sind meine Noten gut genug für ein Studium?

Was ist so wirklich mein Ding?

Was kann ich richtig gut und was liegt mir gar nicht?

In dieser Zeit warten unzählige Fragen auf dich, die es dir sicher nicht immer einfach machen, wenn es um eine Entscheidung geht. Du bekommst oft Druck von allen Seiten, der dazu führt, dass man irgendwann ganz dichtmacht. In der Schule geht es hauptsächlich um theoretische Dinge und wahrscheinlich hast du vom vielen Lernen, PowerPoint-Präsentationen, Referaten, Essays und Tests einfach nur noch Dauer-Screenitus. Du möchtest erstmal was Praktisches machen und Geld verdienen? Das ist ein völlig verständlicher Wunsch. Wer möchte es nicht, endlich unabhängig sein, das erste eigene Geld in der Tasche haben und die erste eigene Wohnung? Doch Geld ist nicht alles, der Job muss auch Sinn machen, zumindest langfristig gesehen, ansonsten wird schnell die Motivation flöten gehen. Gegen erste berufliche Erfahrungen ist nichts einzuwenden, dennoch stellt sich auch die Frage, was du langfristig tun möchtest...

Um herauszufinden, welchen Beruf du ergreifen möchtest, solltest du dich daher schon möglichst früh mit deiner Persönlichkeit, deinen Stärken, Schwächen und Fähigkeiten auseinandersetzen.

Probiere dich aus, finde heraus, was dir wirklich liegt. So kannst du Berufe entdecken, an die du gar nicht gedacht hättest, und die richtig Spaß machen können. Und keine Angst: Heute verdienen Influencer mit Werbung ihr Geld und andere mit dem Zocken von Computerspielen. Es muss zwar nicht so einfach sein, aber es gibt viel mehr Möglichkeiten als in der Zeit von deinen Eltern, die deshalb auch nicht alles wissen, wenn es um deine Berufswahl geht.

Hamsterrad oder echte Leidenschaft?

Als meine Freunde und ich die Entscheidung treffen mussten, welchen Berufsweg wir einschlagen, hörten wir im Umfeld häufig den gut gemeinten Rat: „Schau, dass du erstmal überhaupt eine Arbeit findest. Du kannst später immer noch was anderes machen." Klar, kann man später immer noch was anderes machen, einen anderen Job oder einen höheren Abschluss. Aber heutzutage passt der Ratschlag nicht mehr ins Bild, früher war die Arbeit knapp und viele Menschen waren froh, eine Arbeit zu haben. Doch die Zeiten haben sich verändert, es geht heute nicht mehr darum, einfach nur „irgendetwas zu machen" und letztendlich festzustellen, dass man in einem Hamsterrad feststeckt. Warum also das Leben auf später verschieben und nicht gleich etwas tun, was Spaß und Sinn macht? Damit das geht, kommen wir aber wieder zum wichtigsten Punkt zurück: Finde heraus, was du liebst, was du kannst und was dir richtig gut liegt! Sonst kann es passieren, dass du in der Zukunft morgens aufwachst und feststellst, dass auch du in einem Hamsterrad gelandet bist, bei dem du dich montags schon auf Freitag freust. Ich finde nicht, dass man irgendwas machen sollte, nur um sofort das erste eigene Geld zu verdienen. Ein wenig Sinn sollte es schon machen.

Gefangen im Hamsterrad?

Was bedeutet es eigentlich, im berühmt-berüchtigten Hamsterrad festzuhängen? Im Arbeitsleben ist vom Hamsterrad oft die Rede, darauf beschränkt es sich aber nicht, man kann sich auch privat „wie im Hamsterrad“ vorkommen. Im Berufsleben meint man damit, dass sich viele Menschen abstrampeln ohne Ende, um festzustellen, dass sie eigentlich nur auf der Stelle treten. Das sorgt für Frust und die Lebendigkeit geht verloren. Im Hamsterrad arbeitet man hart, geht womöglich über viele Jahre oder Jahrzehnte einem anstrengenden Job nach, erfüllt seine Aufgaben, in der Hoffnung auf Beförderung und Weiterkommen. Aber es gibt kein Weiterkommen, jeder Tag läuft irgendwie gleich ab und man schafft es nicht, etwas an der Situation zu ändern. Man tut einfach das, was andere, also Vorgesetzte und Kollegen erwarten. Man kann sich noch so sehr bemühen, dann dreht sich das Hamsterrad vielleicht schneller, aber man hat nichts davon.

Mit Leidenschaft hat so ein Job rein gar nichts zu tun. Man arbeitet nur für das Gehalt oder für den freien Tag, für den 3-wöchigen Jahresurlaub, an dem man sich für die Arbeit erholt, doch das eigentliche Leben kommt zu kurz. Das Hamsterrad ist geprägt von Routine, von dem Befolgen von Anweisungen, Schimpfen über den Job, aber auch von Ängsten und dem Abgeben von Verantwortungen. Klingt nicht so nice, aber warum landen dann so viele Arbeitende im Hamsterrad? Oft haben sie Angst vor neuen Erfahrungen und Veränderungen, sie glauben, dass sie auf ihren jetzigen Job angewiesen sind. Nicht selten sehen die Menschen die Schuld in anderen Umständen und keinen Sinn in ihrem Job. Auf Dauer ist das frustrierend, die Motivation sinkt und man tut nur noch das, was man tun muss.

Das Hamsterrad beginnt aber nicht erst dann, wenn du 10 Jahre in einem Job gearbeitet hast, auf den du eigentlich gar keinen Bock hast. Es beginnt schon bei deinen jetzigen Entscheidungen, zum Beispiel wenn du das Abitur nur deshalb machst, weil man das ebenso macht. Oder wenn du studierst, weil alle in deiner Familie Akademiker sind. Nicht falsch verstehen, natürlich ist nichts falsch daran, einen hohen Abschluss anzustreben und dich bestmöglich weiterzubilden. Aber du solltest dein „Warum?“ kennen, denn ansonsten landest du wahrscheinlich selbst früher oder später in der vorher beschriebenen Routine, die wirklich nichts Schönes bietet. Nur eine große Portion Routine und eine gewisse Sicherheit, die aber auch trügerisch ausfallen kann.

Die Warum-Frage kann in einigen Jahren übrigens auch wieder anders aussehen, du solltest sie dir also immer wieder stellen. Denn deine Prioritäten aber auch deine Werte und Vorstellungen vom Leben werden sich verändern. Das ist ganz normal, aber es hilft schon sehr, wenn du JETZT weißt, warum du weitermachen willst.

Vermeide es, ins Hamsterrad zu geraten:

- Setze dich so früh wie möglich mit deinen Interessen und Zielen intensiv auseinander
- Berücksichtige das, was dir wichtig ist: Deine Werte, deine Bedürfnisse, deine Ziele...
- Trau dich, neues, unbekanntes auszuprobieren, auch wenn du Angst hast, sei und bleib neugierig
- Warte nicht zu lange auf den „richtigen“ Zeitpunkt
- Wie soll dein Leben in 5, 10 und 15 Jahren aussehen? Was wünschst du dir?
- Suche dir Freunde und Gleichgesinnte, die Träume und Visionen haben und unterstützt euch gegenseitig
- Erlaube dir, Fehler machen zu dürfen und lerne daraus
- Denke langfristig, auch wenn sich für dich kurzfristig vielleicht Nachteile ergeben
- Stelle Fragen, immer und immer wieder

Beruf oder Berufung – was ist voll mein Ding?

Als Kinder wollten wir Feuerwehrmann oder Polizistin werden, Tierärztin, Pilot, Astronautin oder Profifußballer. Später haben uns vielleicht Berufe wie Ärztin, Schriftsteller, Schauspielerin, Fitnesstrainer, Youtuber, Pro-Gamer oder Influencerin eher zugesagt. Hauptsache spannend soll der Job sein. Berufswünsche verändern sich und logisch - nicht jeder kindliche Berufswunsch war realistisch. Aber es lohnt sich einmal genauer hinzusehen und dich zu fragen:

- Was wollte ich als Kind werden?
- Was würde ich machen wollen, wenn Geld keine Rolle spielt?
- Welche drei Dinge machen mir echt Spaß? (z.B. Fußball, basteln, Videos schneiden)

Wenn du noch gar keine Ahnung hast, was du werden willst, können dir diese Fragen aber schon mal eine grobe Richtung vorgeben. Es gibt Leute, die wissen schon seit Kindertagen an, was sie später beruflich machen wollen und ziehen das dann auch durch. Sie kennen ihr klares Ziel und verfolgen das. Aber mach dir kein Stress, wenn du jetzt noch nicht genau weißt, was du willst. Jetzt bekommst du ja die Chance, dich damit auseinandersetzen, nimm dir dafür genügend Zeit.

Was bedeutet eigentlich Berufung? Wie der Name schon sagt, sehen die Menschen, die ihre Berufung gefunden haben, ihren Beruf nicht einfach nur als Job, den sie nur wegen des Gehalts ausüben. Sie fühlen sich berufen dazu, das zu tun, was sie tun. Ihr Beruf ist ihre Leidenschaft. Keine Arbeit wird immer Spaß machen, aber solltest du dich nicht in der Ausbildung oder im Studium fragen müssen, ob Arbeiten überhaupt Spaß machen kann? Kein Beruf ist perfekt, aber wenn du einen Job machst, der dir so gar nicht entspricht, keinen Spaß macht, keine Kohle einbringt und dich zudem noch unter- oder überfordert – dann wirst du dich irgendwann fragen, was mach ich hier eigentlich?

Während es beim Job vor allem ums Geldverdienen geht, ist die Berufung also etwas, wozu du dich berufen fühlst. Es bedeutet, dass du eine besondere Verbindung zu dem hast, was du tust. Wenn dein Job deine Berufung sein soll, dann suche nach einer Tätigkeit, wo du deine Talente einbringen kannst, es muss etwas sein, was Spaß und Sinn macht und finanziell lohnt. Vielleicht hast du schon längst ein Hobby, was du später zum Beruf machen kannst?

Den richtigen Beruf finden: Finde deinen Weg möglichst früh

Die Phase der Berufsorientierung fängt nicht erst mit deinem Schulabschluss an, sondern schon davor. Durch Praktika in der Schule konntest du wahrscheinlich schon erste berufliche Erfahrungen sammeln, vielleicht auch schon durch Ferienjobs. Aber auch deine Erfahrungen mit anderen Menschen spielen eine wichtige Rolle. Im Job ist oft Teamwork gefragt, aber auch Zuverlässigkeit und dass du dich durchsetzen oder klare Entscheidungen treffen kannst. Um deinen Wunschberuf zu finden, kommt es aber nicht allein auf deine Leistungen an, sondern auch auf deine Interessen, Fähigkeit, Stärken und Neigungen.

Ein Beispiel:

Jason ist schon seit seiner Kindheit an bei der Wasserrettung und beim Jugendrotkreuz. Da gab es Schwimmkurse, Camps und Hilfsaktionen. Für ihn stand schon früh fest, dass er später Notfallsanitäter werden will. Seine Passion: Menschen in Not helfen.

Die Antwort auf die Frage „was will ich später machen?" fällt allerdings nicht jedem so leicht wie Jason. Auch das ist okay. Fang daher schon früh an, dich damit zu beschäftigen, was du machen willst. Wenn du dir noch unsicher bist, dann finde im ersten Schritt heraus, was dir wichtig ist, in Bezug auf deinen Traumberuf. Wichtig ist hier, dass du dir wirklich genau überlegst, was du willst und nicht, was deine Eltern wollen oder was du denkst, was die Gesellschaft von dir erwartet. Es gibt also kein Richtig oder Falsch bei der Antwort auf diese Frage.

Ein kleiner Tipp, der dir helfen kann, hier weiterzukommen: Nimm dir einen Zettel und einen Stift und schreibe auf, was dir besonders Spaß macht. Was machst du gerne, wobei vergisst du die Zeit, was würdest du gerne machen, wenn du dir keine Gedanken mehr um Schule und Co. machen müsstest? Schreibe dir deine Antworten auf, lies weiter und prüfe am Ende, ob du nicht auch für dich deinen perfekten Job finden kannst. Du musst noch nicht wissen, was du einmal machen wirst. Aber es wird dir helfen, wenn du jetzt schon eine Vorstellung hast, und nicht einfach weitermachst, weil es so erwartet wird.

Wie sieht dein Traumjob aus?

- **Gehalt und Bezahlung**

Klar, Geld ist nicht alles im Leben, aber für den Traumjob spielt eine faire Bezahlung trotzdem eine wichtige Rolle. Auch klar ist, dass du in bestimmten Berufen mehr Geld verdienen kannst als in anderen. Ebenso spielt die Position eine Rolle. Wenn du dich hocharbeitest und Verantwortung für Angestellte und Kunden trägst, verdienst du natürlich mehr als in einem Beruf ohne Eigenverantwortung und Führung. Die Frage ist, wie wichtig ist dir ein hohes Gehalt?

- **Aufgabenfeld**

Ein interessantes und abwechslungsreiches Aufgabenfeld im Job ist für viele Berufsanfänger wichtig. Andere setzen lieber auf klare Linien und brauchen nicht so viel Action, sie sind lieber Meister auf ihrem Gebiet als Allrounder. Was ist dir wichtig, möchtest du lieber überschaubare Aufgaben oder liebst du die Abwechslung?

- **Work-Life-Balance**

Eine gute Work-Life-Balance bedeutet, dass dein Job mit deinem Privatleben vereinbar sein soll. Du möchtest also neben der Arbeit noch genügend Zeit für Freunde, Hobbies, Familie und Co. haben. Zwischen Arbeitsleben und Privatleben soll eine klare Trennung zu erkennen sein, Arbeit bleibt Arbeit und Privat bleibt privat. Wenn dir die Work-Life-Balance weniger wichtig ist, bist du schon mal bereit, häufiger Überstunden zu übernehmen, um schneller voranzukommen. Und dir macht es auch nichts aus, außerhalb der Arbeit erreichbar zu sein. Du findest es gut, wenn du viel Verantwortung übernehmen kannst. Überlege dir hier, was dir wichtig ist, und worauf es dir wirklich ankommt.

- **Sichere Anstellung und geregelte Arbeitszeiten**

Eine feste Anstellung, in der du nicht ohne Weiteres gekündigt werden kannst, bietet dir Sicherheit, aber sie bindet dich auch an ein Unternehmen. Wenn du geregelte Arbeitszeiten hast, kannst du dein Privatleben besser planen, du weißt, wann du arbeiten musst, und wann du frei hast. Es gibt aber auch Berufe, in denen du nicht immer weißt, was auf dich zukommt, das kann sehr aufregend sein, kann dich aber auch ganz schön herausfordern.

- **Teamarbeit und Eigenverantwortung**

Willst du eher selbstverantwortlich arbeiten und nicht nur Anweisungen ausführen? Oder ist es dir lieber, wenn du genaue Vorgaben erhältst, was zu tun ist? Wie siehts aus mit Teamarbeit? Machst du gerne Projektarbeiten in der Schule mit anderen und bist ein Teamplayer oder machst du dein Ding lieber allein? Wenn du Bock auf eine große Karriere hast, darfst du nicht vergessen, dass die auch eine hohe Verantwortung mit sich bringt.

- **Zukunftsperspektive und Weiterentwicklung**

Nicht in jedem Beruf gibt es Aufstiegschancen, bei deiner Berufswahl solltest du dir daher Gedanken machen, wie wichtig dir Weiterbildung und eine steile Karriere sind. Und ob du in einem Job arbeiten willst, wo du dich immer weiterentwickeln kannst.

- **Arbeitsort**

Ist es dir wichtig, dass du nur einen kurzen Weg zum Ausbildungs-, Studien- oder Arbeitsort hast? Oder würdest du für dein Studium, deine Ausbildung auch umziehen, in eine andere Stadt oder sogar ein anderes Land? Auf das Ausland musst du nicht mal bis zum Schulabschluss warten. Wie wäre es mit einer Sprachreise, einem Auslandsjahr oder einem Feriencamp im Ausland? Auch dabei kannst du jede Menge spannende Erfahrungen sammeln und vielleicht wird dir dann auch klarer, was du später beruflich machen willst.

Verteile Noten, je nachdem wie wichtig dir folgende Eigenschaften für deinen Traumjob sind.

- **1 = Das ist mir sehr wichtig**
- **2 = Das ist mir wichtig**
- **3 = Das ist mir weniger wichtig**
- **4 = Das ist für mich unwichtig**

Wie wichtig sind dir folgende Eigenschaften für deinen späteren Beruf?	
Eigenschaft	**Noten von 1 – 4**
Eine ausgewogene Work-Life-Balance	
Ein hohes Gehalt	
Eine sichere Anstellung (z.B. im Büro des öffentlichen Dienstes)	
Kreatives Ausleben (Ich will nach meiner eigenen Vorstellung gestalten und kreieren)	
Viel eigenverantwortlich arbeiten	
Im Team arbeiten	
Abwechslungsreiche Tätigkeit	
Ausbildung, Studium und Arbeitsort in der Nähe	
Mit Anleitung arbeiten	
Geregelte Arbeitszeiten	
Hohes Ansehen in der Öffentlichkeit	
Weiterentwicklung und Beförderung	
Gutes Betriebsklima (freundliche Kollegen, netter Chef)	

Diese Selbsteinschätzung und Beurteilung soll dir etwas Orientierung geben und die Wahl deines Traumberufs leichter machen.

Was dir noch helfen kann, um herauszufinden, was du beruflich machen willst:

- Deine Lieblingsfächer in der Schule
- Deine Hobbies
- Praktikum
- Ehrenamtliche, freiwillige Arbeit
- Schnuppertag an der Hochschule oder Universität
- Ausbildungs- und Berufsmessen
- Orientierungstage in Unternehmen
- Ferienjob, Sprachreise, Jugendcamp
- Berufsberatung – Unterstützung vom Experten
- Berufseignungstest
- Stärkentest

Du siehst, es gibt ganz viele Möglichkeiten, um herauszufinden, was du machen willst. Einfach irgendwas machen und dir dann später etwas anderes suchen, ist aber nicht nötig. Und nicht die beste Wahl, denn ganz schön viele Menschen stellen nach Jahren fest, dass sie immer noch nichts anderes machen. Und unglücklich in ihrem Job sind. Das kannst du verhindern, indem du jetzt handelst und dich gar nicht erst auf einen „Notfalljob" einlässt.

Praktika, Bewerbungen und Vorstellungsgespräche: Der Start in den Job

Du weißt schon, was du werden willst? Dann heißt es Vorbereiten auf das Bewerben und auf deine ersten Vorstellungsgespräche. Nicht nur für die Ausbildung, sondern auch für Praktika sind Bewerbungen zu schreiben. Wenn du bereits ein Schülerpraktikum hinter dir hast, weißt du schon in etwa, was auf dich zukommt. Falls das noch alles Neuland für dich ist, ist es wichtig, dass du einige Dinge beim Bewerben beachtest. Entscheidend ist dein erster Eindruck, den du hinterlässt und der beginnt nun mal bei der Bewerbung. Wenn du den Start in den Job, selbst in ein Praktikum, richtig anstellst, dann hast du schon viel gewonnen.

Praktikum – probiere dich aus

Wenn du dich für ein Praktikum bewerben willst, dann denke darüber nach, was du tun kannst, damit dein Wunsch-Unternehmen dich für das Praktikum aufnimmt. Denn die Firma selbst hat ja von deinem Praktikum nicht so wirklich viel. Im Gegenteil, es braucht jemanden, der sich Zeit nimmt, dir alles zu erklären. So kannst du in deiner Bewerbung fürs Praktikum überzeugen:

- Denke darüber nach, warum du genau dort dein Praktikum machen möchtest. Schreibe deine Gründe am besten auf. Vielleicht kennst du jemanden, der in der Firma arbeitet oder eine ähnliche Arbeit macht und dir von seiner spannenden Arbeit erzählt hat? Vielleicht passt das Praktikum auch ideal zu deinen Interessen und Hobbies?

- Hole dir Information über die Firma, wo du dein Praktikum machen magst, damit du auf Fragen gut vorbereitet bist.

- Beschreibe dein Stärken und Interessen, z.B.: „Ich interessiere mich schon seit meiner Kindheit für Technik und bastele und zeichne gern."

- Sorge dafür, dass in deiner Bewerbung keine Rechtschreibfehler enthalten sind, auch ein passendes und professionelles Layout ist für den ersten Eindruck wichtig. Lass dein Anschreiben und deinen Lebenslauf unbedingt noch einmal von Freunden oder deinen Eltern Korrektur lesen.

Das brauchst du für deine Bewerbung für ein Praktikum:

- Deinen Lebenslauf
- Das Bewerbungsanschreiben
- Dein letztes Zeugnis
- Ein gutes Bewerbungsfoto

Bewirb dich am besten per E-Mail, das geht am schnellsten und ist unkompliziert. Vielen Unternehmen sind Bewerbungen per E-Mail sowieso am liebsten. Denn bei den vielen Bewerbungen, die sie per Post bekommen, können sie sich vor Papierbergen kaum retten. Dein Anschreiben für das Praktikum könnte in etwa so aussehen:

An: schmidt.chefredaktion@xyz.de

Anlage: Zeugnis, Lebenslauf, Bewerbungsfoto

Sehr geehrter Herr Schmidt,

mein Name ist Johannes Schell, ich gehe in die Heinrich-Pestalozzi-Schule und bin 14 Jahre alt. In diesem Schuljahr ist ein zweiwöchiges Praktikum vorgesehen. Gerne möchte ich dieses bei Ihnen in der Redaktion machen. Zu meinen Lieblingsfächern gehören Deutsch und Englisch, außerdem schreibe ich gerne Gedicht und lese liebend gerne Romane. Das Praktikum soll vom __ bis __ andauern und ich würde mich freuen, wenn ich einen Einblick in die Arbeit in einer Redaktion erhalten kann.

Ich freue mich auf Ihre Rückmeldung.

Mit freundlichen Grüßen

Johannes Schell – Amselweg 71 – 20528 Derwegen

Was auf deinem Lebenslauf stehen sollte:

- Persönliche Daten: Name, Anschrift, Geburtstag, E-Mail, Handynummer
- Deine schulische Laufbahn (Orte, Namen und Zeiten deiner Schulen und dein angestrebter Abschluss)
- Besondere Kenntnisse (Sprachen, PC)
- Praktika, Ferienjobs, Minijobs
- Interessen, Hobbys, Engagement, ggf. Mitgliedschaften in Vereinen

Wenn du möchtest, kannst du auch Auszeichnungen und Teilnahmen an Wettbewerben sowie spezielle Talente mit in deinen Lebenslauf einbringen. Im nächsten Schritt geht es darum, dich auf das Vorstellungsgespräch vorzubereiten.

Diese Fragen können Chefs dir stellen:

- Erzähle etwas über dich.
- Wo siehst du deine Stärken und Schwächen?
- Was weißt du schon über unser Unternehmen?
- Wie sieht dein Traumberuf aus?

Wenn du dich für eine Ausbildung bewirbst, könnten dir auch Fragen wie diese gestellt werden:

- Warum hast du dich bei uns beworben?
- Worin unterscheidest du dich von den anderen Bewerbern?
- Wo siehst du dich in 5 Jahren oder 10 Jahren?
- Wie gehst du mit Problemen um?

- Warum sollte das Unternehmen gerade dich einstellen?
- Wie gehst du mit Stress und Kritik um?

Was du für dein Praktikum unbedingt selbst erfragen solltest:

- Wer ist mein Ansprechpartner?
- Welche werden meine Aufgaben sein?
- Kann ich in unterschiedliche Abteilungen hineinschnuppern?

Kenne deinen Wert: Zu viel Motivation kann schaden

Arbeite immer länger, härter und mehr als man es dir vorgibt, NICHT! Es ist natürlich positiv, wenn du sehr engagiert bist und dich freust auf die vielen, neuen Erfahrungen, die du im Berufsleben sammeln darfst. Ganz wichtig dabei ist jedoch, dass deine Gesundheit nicht unter deiner Arbeit leidet. Vielleicht denkst du jetzt, das betrifft mich nicht, ich habe doch noch gar nicht richtig angefangen, zu arbeiten. Damit Selbstausbeutung bei dir aber gar nicht erst zum Thema wird und du schlimmstenfalls mit Anfang 20 vielleicht dein erstes Burnout erleidest, solltest du gut auf dich achten. Dies gilt schon während deiner jetzigen Schulzeit und auch für die kommende Studien- oder Ausbildungszeit, also nicht erst für Arbeitsverhältnisse oder die Arbeit als Selbstständige oder Selbstständiger.

Nutz dich nicht selbst aus:

- **Regelmäßige Pausen und Auszeiten**: Verliere deine Lern- und Arbeitszeiten nicht aus dem Blick und sorge für angemessene Pausen. Sowohl aktiver als auch passiver Ausgleich sind wichtig. Gehe regelmäßig einem oder mehreren Hobbies nach, treib Sport und such dir was, was dich entspannt.
- **Grenze dich ab**: Gerade am Anfang, weiß man oft noch nicht so genau, wie es im Arbeitsleben läuft. Sei wissbegierig, aber ziehe auch ganz klare Grenzen. Du wirst merken, dass du das tun musst. Sage nicht immer zu allem „Ja“, dich Abgrenzen heißt auch „Nein sagen“ lernen, zum Beispiel dann, wenn du immer wieder Überstunden machen sollst oder die Kollegen ihre Arbeit ständig bei dir abladen wollen.
- **Krank heißt krank**: Durch Krankheit signalisiert der Körper, dass er eine Pause braucht, diese sollte er auch bekommen. Wenn du krank bist, solltest du also nicht trotzdem in der Schule, Uni oder Berufsschule sitzen oder arbeiten gehen.

Klar musst du dich in gewisser Weise anpassen und es gibt Regeln, an die du dich halten musst. Sicher ist es so, dass du auch mal Arbeiten machen musst, die langweilig sind und die keinen Spaß machen, aber das darf nicht andauernd sein. Lass also nicht alles mit dir machen und toleriere keine Ausbeutung durch Vorgesetzte, Ausbilder oder sonstige Personen. Du bist kein Sklave und hast Rechte und Pflichten wie andere auch.

In vielen Studiengängen und schulischen Ausbildungen müssen zum Beispiel Pflichtpraktika absolviert werden. Bei der Bezahlung von Pflichtpraktika sind Arbeitgeber allerdings oft knausrig, als Studierender musst du dir sowas nicht gefallen lassen. Um so eine Ausbeutung zu vermeiden, solltest du einen Praktikumsvertrag mit dem Unternehmen abschließen. In dem Vertrag werden die Lernziele, deine Aufgaben und Arbeitszeiten, sowie die Vergütung festgehalten. Handelt es sich um mehrmonatige Praktika, dann kannst und solltest du auch Urlaubstage mit vereinbaren. Ausbeutung betrifft ja nicht nur die Bezahlung, als Praktikant solltest du auch was lernen können. Man sollte dir einen Einblick in unterschiedliche Bereiche gewähren und nicht immer nur die gleiche Arbeit erledigen lassen.

Praktikanten haben auch nicht die Aufgabe, einen vollständigen Arbeitsplatz zu ersetzen. Leider kommt dies gar nicht so selten vor. Besprich mit dem Praktikumsgeber von vornherein, was du machen musst und an wen du dich wenden kannst. Ein weiteres No-Go für Praktikanten sind viele Überstunden, das darf nicht sein! Wichtig ist also, dass du als Praktikant einen festen Ansprechpartner hast, an den du dich wenden kannst. Auch nach der Ausbildung oder dem Studium solltest du darauf achten, dass man dich nicht ausbeutet. Lass dich also nicht mit einem Dauer-Praktikum hinhalten, wenn man dir eigentlich eine Anstellung versprochen hat.

Studium, Ausbildung oder Auszeit: Lösungen für jeden Geschmack

Soll ich studieren oder eine Ausbildung machen?

Möchte ich noch auf eine weitere Schule gehen?

Oder lieber erstmal ein Jahr Auszeit und reisen?

Vielleicht mach ich ein FSJ oder FÖJ zur Orientierung?

Oder ich arbeite ein Jahr als Au-Pair-Mädchen oder -Junge?

Soll ich in den Familienbetrieb einsteigen?

Ich will lieber doch erstmal was von der Welt sehen, ich mache ein Jahr Work and Travel.

So viele Fragen und Möglichkeiten, dabei gibt es für jeden Geschmack die passende Lösung. Du musst sie nur kennen und dich trauen, sie auch zu nutzen.

Studium vs. Ausbildung		
	Studium	**Ausbildung**
Vorteile	• Du hast mehr Freiheit bei der Jobwahl • Du kannst deinen Alltag und die Studiendauer selbst bestimmen • Du hast die Chance, viele interessante Erfahrungen durch Auslandssemester und Praktika zu machen • Mit einem Studium erhältst du meist ein besseres Gehalt im Arbeitsleben und die Gehaltserhöhungen sind generell höher • Du übernimmst Verantwortung und lernst dich selbst besser zu organisieren. • Du kannst dich durch Praktika in verschiedenen Bereichen ausprobieren • Mit einem Studium hast du gute Chancen, später eine Führungsposition zu übernehmen	• Deine Ausbildung wird bezahlt und du bist schneller finanziell unabhängig • Meist lernst du unterschiedliche Tätigkeitsfelder kennen und hast viel Abwechslung • Du kannst deine Persönlichkeit entfalten • Die Zahl deiner Ausbildungsjahre ist festgelegt • Du hast von Anfang an einen hohen Praxisbezug zu deiner Arbeit • Du erhältst oft klare Aufgabenstellungen • Nach der Ausbildung kannst du noch immer ein Studium beginnen und dir hierfür etwas Geld ansparen • Du hast gute Chancen darauf, nach der Ausbildung in die Firma übernommen zu werden

Nachteile	• Bei Praktika gibt es oft nur eine geringe oder gar keine Bezahlung • Das BAföG ist knapp bemessen • Oft ist neben dem Studium noch ein Nebenjob notwendig • Es ist viel Selbstdisziplin notwendig • Viele Studiengängen sind sehr theoretisch und du hast nur wenig Praxisbezug	• Du hast mit einer Ausbildung meist geringere Aufstiegschancen • Du musst dich nach den Anweisungen deiner Vorgesetzten richten. • Ohne Umschulung oder Weiterbildung ist ein Einstieg in andere Berufsfelder oft schwer • In der Regel hast du ein begrenztes Tätigkeitsfeld, auf Dauer kann dir vielleicht die Abwechslung fehlen.

Wenn du direkt von der Schule ins Berufsleben starten möchtest, kann eine Ausbildung eine gute Wahl sein. Ein Studium dauert in der Regel länger und anschließend bist du noch immer Berufsanfänger, allerdings hast du während des Studierens auch viel mehr Möglichkeiten und sehr gute Aufstiegschancen. Ausbildungen können das oft nicht bieten. Sieh dir die Vor- und Nachteile eines Studiums und einer Ausbildung genauer an. Hier solltest du außerdem den Spaß nicht unterschätzen, den du als Student haben kannst, selbst wenn du noch kein Geld verdienst. Die hier vorgestellten Vorteile und Nachteile zeigen dir daher genauer, was vielleicht besser zu dir passt.

Was gibt's denn sonst noch so?

Vielleicht hast du gar keinen Bock, gleich voll ins Berufsleben zu starten, dann hast du verschiedene andere Möglichkeiten, um dich zu orientieren, neue Erfahrungen zu machen und Spaß zu haben. Hier möchte ich dir einige Ideen vorstellen, mit denen du dich näher beschäftigen kannst, wenn du erst einmal eine kleine Auszeit von dem ganzen Lernen brauchst. Nach einem Jahr sind dann viele ehemalige Schüler eher bereit, in eine Ausbildung oder in ein Studium zu starten und konnten sich in der alternativ genutzten Zeit gut orientieren. Das ist gerade dann für dich interessant, wenn sich die Schulzeit dem Ende zuneigt und du eben noch nicht weißt, was jetzt kommt.

Work & Travel – Reisen und nebenbei in fernen Ländern arbeiten

Du hast Fernweh und willst was von der Welt sehen? Bei Work & Travel kannst du das Reisen mit dem Arbeiten kombinieren. Du lernst ein fremdes Land, neue Kulturen und Menschen kennen und sammelst deine ersten Berufserfahrungen im Ausland. Finanzieren kannst du deinen Aufenthalt durch Gelegenheitsjob. Es gibt einige Organisationen, die Work & Travel anbieten und dich bei der Jobsuche, bei der Visa-Beantragung und deinen ersten Schritten vor Ort unterstützen. Je nach Ort und Organisation kannst du dort auch Sprachkurse oder Surfcamps machen. Für Work & Travel musst du in der Regel mindestens 18 Jahre alt sein und solltest über Ersparnisse von etwa 2.500,00 Euro verfügen. Bei einigen Ländern wie beispielsweise in Australien darf es gerne deutlich mehr Geld sein, welches du im Notfall nutzen kannst.

Beliebte Work & Travel-Länder sind zum Beispiel Neuseeland, Australien, Kanada, Südafrika, USA, Frankreich oder Argentinien. Je nach Land kannst du zum Beispiel Gemüse oder Obst ernten und verpacken, in Restaurants kellnern, Flyer verteilen, oder Straßenmusik machen. Oft werden auch Jobber für House-Sitting gesucht. Hier passt du auf das Haus auf, während eine Familie im Urlaub ist, gießt Blumen, kümmerst dich um Haustiere und hältst den Garten in Schuss. „Farmwork“ kannst du oft auch für freie Kost und Logis erledigen. Sehr beliebt ist es, in Hostels zu arbeiten und dafür freie Unterkunft und die Verpflegung zu bekommen. Worken & Traveln kannst du von mehreren Monaten bis hin zu einem Jahr.

Als Au-Pair neue Kulturen entdecken

Die Arbeit als Au-Pair ist nicht nur was für Mädchen, auch Jungs können dies tun und spannende Erfahrungen machen. Als Au-Pair hilfst du deiner Gastfamilie im Haushalt und bei der Kinderbetreuung, erhältst dafür ein Taschengeld (etwa 280,00 Euro – 400,00 Euro) und freie Kost und Logis. Du lernst ein neues Land und neue Kulturen kennen. Eine Gastfamilie in deinem Lieblingsland findest du über Matching Plattformen und Agenturen, die das

Au-Pair-Programm anbieten. Wo kannst du als Au-Pair arbeiten? Zum Beispiel in Großbritannien, USA, Kanada, Australien, Irland oder Spanien. Und wie lange geht das Ganze? Zwischen 6 bis 12 Monaten. Du solltest allerdings zwischen 18 und 26 Jahren alt sein. Außerdem ist es ganz wichtig, dass es dir gefällt, auf Kinder aufzupassen und dich um sie zu kümmern. Erste Erfahrungen sind hier ebenfalls wichtig und werden gerne von Agenturen und Familien angefragt. Falls du nicht ganz so viele Ersparnisse hast und im Ausland Geld verdienen willst, könnte eine Auszeit als Au-Pair spannend sein.

FSJ und FÖJ – Engagement für das, was zählt

Bist du Idealist und die Natur und Umwelt sind dir wichtig? Dann kann ein FSJ oder FÖJ genau das Richtige für dich sein. Ein freiwilliges soziales Jahr oder ein freiwilliges ökologisches Jahr eignet sich perfekt dafür, um dich nach dem Schulabschluss zu orientieren und deinen Horizont zu erweitern. Bei einem FSJ oder FÖJ unterstützt du 6 bis 12 Monate lang ehrenamtlich eine gemeinnützige Einrichtung. Im Gegensatz zu Work & Travel und Au Pair kannst du hier schon mit 16 beginnen. Wenn du gern im Ausland arbeiten willst, hast du auch die Möglichkeit, den Jugendfreiwilligendienst (IJFD) in einem anderen Land zu leisten.

In diesen Bereichen kannst du ein FSJ machen:	Hier kannst du ein FÖJ machen
• **Soziale Bereiche**: Krankenhäuser, Altenheimen, Kindertagesstätten, in der Flüchtlings- oder Obdachlosenhilfe, in Schulen, Internaten, Behindertenwerkstätten usw. • **Sportbereiche:** Sporteinrichtungen und Vereine. • **Kulturelle Bereiche**: Museen, Theater, Musikschulen • **Denkmalpflege**: Ämter, Vereine, Büros. • **Poltische Bereiche**: Bürgerbüro, kirchliche Gemeinden, Organisationen	• Im Bereich Naturschutz oder Umweltschutz z.B. auf Bauernhöfen, Jugendfarmen, Zooschulen, Naturschutzzentren • Im Bereich Klimaschutz (Hier solltest du Technikbegeisterung und Idealismus mitbringen) • Im Gartenbau und der Landschaftspflege

Während des FSJs finden auch Bildungstage und Seminare statt. Dort kannst du dich mit anderen FSJ-lern austauschen. Für Kosten musst du nicht selbst aufkommen, die übernimmt dein FSJ-Träger. Für deine Arbeit bekommst du ein Taschengeld und dir steht immer ein Ansprechpartner zur Verfügung.

Schritt für Schritt zum passenden Beruf

Es gibt verdammt viele Möglichkeiten, da kann die Suche nach dem richtigen Job sich anfühlen wie die nach der Nadel im Heuhaufen. Generell ist es wichtig, dass du dich früh genug über Ausbildungsmöglichkeiten und Studiengänge deines Wunschberufes informierst. Wenn du noch unsicher bist, dann unterstützt dich ein Berufsberater gern dabei, deinen Traumjob zu finden.

1. Erkenne deine Fähigkeiten, Interessen und Stärken

Nimm dir Zettel und Stift oder deinen Laptop und beantworte diese Fragen für dich selbst. Natürlich musst du sie nicht alle hintereinander beantworten. Nimm dir Zeit und denke wirklich genau darüber nach. Das kann auch Tage oder Wochen lang dauern, bis du weißt, was du willst. Lass dich davon nicht verunsichern, es geht hier schließlich um deine Zukunft!

- Woran hast du Spaß?
- Welches sind deine zwei größten Interessen?
- Was machst du in deiner Freizeit?
- Welche Ziele hast du, wenn du an einen Beruf denkst?

- Was willst du persönlich erreichen? (z.B. Familie gründen, Führerschein machen, um die Welt reisen)
- Engagierst du dich für etwas?
- Wie wichtig sind dir Karriere und Geld?

Auch Berufswahltests und Interessen-Tests können dir weiterhelfen. So findest du heraus, was dich wirklich interessiert und am Ende des Tests erhältst du zu deinen Antworten passende Berufsvorschläge.

Was sind deine Soft Skills?

Hast du schon mal von Soft Skills gehört? Denn im Beruf sind nicht nur die harten Fakten von Bedeutung, sondern auch Eigenschaften wie Teamfähigkeit, Kritikfähigkeit, Belastbarkeit, Lernbereitschaft, Selbstdisziplin und dass du gut kommunizieren kannst. Natürlich verlangt man von dir nicht, dass du das alles schon perfekt beherrschst, vieles entwickelst du erst mit der Zeit. Wenn du aber zum Beispiel gerne einen sozialen Beruf lernen willst, dann solltest du auf jeden Fall Empathie mitbringen.

Schreibe fünf Stärken von dir auf:

____

____

____

____

____

Beispiel

- Ich kann gut meine eigene Meinung vertreten.
- Ich kann gut mit Menschen umgehen.
- Ich bin geduldig.
- Ich bin kreativ.
- Ich habe viel Ausdauer.

2. Kenne deine Ansprüche und Vorstellungen

Darüber sprachen wir in den vorherigen Absätzen schon, nimm dir hierfür noch einmal die Tabelle mit den Eigenschaften für deinen Traumberuf zur Hand. Was ist dir wichtig? Eine gute Work-Life-Balance und feste Arbeitszeiten oder eher eine steile Karriere mit spannenden Aufgaben und viel Abwechslung? Viel Kohle?

Neben einer Studien- oder Ausbildungsberatung können dir auch deine Freunde und deine Familie bei der Berufswahl helfen. Aber vergiss nicht, letztendlich musst du die Entscheidung selbst treffen, sie muss für dich passen. Stöbere auch mal in Stellenanzeigen, welche sprechen dich an?

Beliebte Studien- und Ausbildungsbereiche:

Gesundheit

IT

Verkehr und Logistik

Wirtschaft und Verwaltung

Bau, Architektur und Vermessung

Service und Dienstleistung

Elektro

Technik und Technologie

3. Realitätscheck und Recherche

Ziehe am besten immer mehrere Möglichkeiten in Betracht und beschränke dich nicht nur auf einen Beruf. Wenn du inzwischen weißt, was zu dir passt, dann recherchiere über deine Traumberufe.

Du hast schon deine Lieblingsberufe im Kopf? – Dann überprüfe folgendes:

- Stimmen meine Noten und Fähigkeiten mit dem Anforderungsprofil für den Beruf überein?
- Bin ich für den Beruf geeignet?
- Wo kann ich den Beruf lernen oder studieren?

Du willst studieren? Eine sehr gute Entscheidung! In manchen Studiengängen ist die Nachfrage allerdings sehr hoch und es wird ein bestimmter Notendurchschnitt (NC = Numerus clausus) gefordert. Zum Beispiel in medizinischen Berufen. Grundsätzlich kannst du dich aber auch dann, wenn dein Notendurchschnitt nicht der Vorgabe entspricht, bewerben. Es kann dann aber sein, dass du auf den Studienplatz warten musst. Man spricht dann von Wartesemester, ein Wartesemester entspricht einem halben Jahr. Manche Fachhochschule und Uni fordern eine zusätzliche Aufnahmeprüfung von dir, auf die kannst du dich jedoch gut vorbereiten.

4. Money, money

Studieren ist nicht umsonst. Neben den möglichen Studiengebühren werden auch Kosten für Bücher oder Lehrmaterial und Kosten für eine Wohnung (wenn du nicht zuhause wohnen kannst) fällig. Weitere Ausgaben, die du mit einrechnen musst, sind: Fahrtkosten, Essen und Trinken, Kleidung, Internet/Handy und deine Freizeitgestaltung. All das musst du bedenken. Für eine Ausbildung bekommst du immerhin ein Ausbildungsgeld, aber je nach Region und Bereich reicht das nicht immer zum Leben, dann kannst du Unterstützung beantragen.

Informiere dich, ob du vom Staat Unterstützung für dein Wunsch-Studium oder deine Ausbildung bekommst. Das ist möglich:

- Bafög

- Studien- oder Bildungskredit
- Bildungsgutscheine
- Ausbildungsbeihilfe

5. Deine Entscheidung, dein Ziel

Wenn du deine Entscheidung getroffen hast, dann bewirb dich gezielt auf deine Wunschberufe.

Informiere dich über Hochschulen, die deinen Wunsch-Studiengang anbieten. Oder sehe dich um nach Unternehmen, die deine Wunsch-Ausbildungsstelle anbieten. Erfüllst du die Voraussetzungen? Gibt es Bewertungen für den Studiengang, den Arbeitsplatz?

Passe deine Bewerbung der ausgeschriebenen Stelle an und sende sie rechtzeitig ab. Bei Studiengängen ohne NC reicht oft eine Einschreibung an der Hochschule oder Uni schon aus. Das musst du persönlich im Sekretariat der Uni erledigen. Wenn du ein Studium machen willst, wo ein NC gefordert wird und es Zulassungsbeschränkungen gibt, musst du dich direkt bewerben. Das geht entweder über die Stiftung für Hochschulzulassung (SfH) oder bei der Hochschule direkt. Du siehst, es gibt zwar einiges zu beachten, aber du hast auf jeden Fall sehr gute Möglichkeiten, um deinen Traumjob zu finden. So schwer muss es daher gar nicht sein, wenn du nur etwas machst, was dir gefällt, was dich begeistert und worauf du wirklich Bock hast!

Geld und Finanzen: Starte früh und lebe freier!

Puh, jetzt hast du aber zwei ganz große Themen durchgelesen, die wichtig waren: Schule und Beruf. Nicht ganz einfach, oder? Aber es gibt noch etwas, was wirklich wichtig ist: Geld. Ohne Geld geht nichts, egal wie und wo du aufgewachsen bist. Ein bisschen brauchst du, um gut zu leben, um vielleicht zu studieren oder um dir später einmal ein Auto zu kaufen. Egal was du machst, Geld und Finanzen sind Themen, die dich immer begleiten. Denn ohne geht nichts und der Umgang ist wichtig, um später keine Probleme zu bekommen. Hier findest du die wichtigsten Informationen, um mit deinem Geld klarzukommen und um nicht in Zukunft schon am 20. des Monats ganz ohne alles dazustehen. Und du hast schon vorher gelesen, dass Schüler während oder nach dem Abitur merken, dass sie zwar ganz tolle Gedichtanalysen schreiben können, jedoch nichts über Finanzen, Versicherungen oder Geld an sich wissen. Das muss nicht sein und mit ein paar wichtigen Fakten bist du bestens vorbereitet und keiner kann dir hier etwas vormachen. Das hilft übrigens auch, um nicht plötzlich komische Verträge am Hals zu haben oder Geld für etwas auszugeben, was dir absolut nichts bringt.

Deshalb kommen hier schon ein paar wichtige Fakten rund um Geld, Finanzen und alles, was du sonst noch für den Start in die Erwachsenenwelt brauchst:

#1 Mit 18 bist du voll geschäftsfähig

Sobald du 18 bist, brauchst du dir über Beschränkungen keine Gedanken mehr machen. Du bist geschäftsfähig, darfst Auto fahren, nachts wegbleiben, so lange wie du willst und kannst für alle Taten zur Verantwortung gezogen werden. Du darfst dann auch Geschäfte und Verträge abschließen und musst für alles bezahlen. Mach dir daher am besten jetzt schon Gedanken, wie viel dein Handy im Monat kostet und ob du das ohne Weiteres bezahlen kannst.

#2 Lerne deine Möglichkeiten kennen: So geht ein Leben ohne Schulden

Heute gibt es immer wieder Kredite, die du ohne Zinsen aufnehmen kannst. Du hast gerade die 800 Euro für das neueste iPhone nicht? Kein Problem, mit einem Kredit ohne Zinsen zahlst du die 800 Euro über mehrere Monate hinweg zurück. Das wird uns so vorgemacht, das ist doch ganz normal? Nein, ist es nicht, denn solche Schulden sind gefährlich. Irgendwann weißt du gar nicht mehr, wie du weitermachen kannst. Zwar können wir alle mehr oder weniger gut Mathe, aber es sieht so einfach und schön aus, dass wir gerne weiterkaufen und doch mehr ausgeben als wir haben. Wenn du dir nicht irgendwann einmal ein Haus kaufen willst, dann wäre es am besten, gar keine Schulden zu haben. Weder für das neueste Smartphone noch für andere Dinge. Mit einem Haushaltsbuch behältst du immer den Überblick – und das geht auch digital, sodass dein Smartphone definitiv für etwas gut ist!

#3 Kurz geklickt, lange bereut

Eine Sache, die nicht immer klar ist und die richtig teuer werden kann: Verträge kann man auch online abschließen! Du klickst zwei oder dreimal irgendwo hin, liest nicht richtig durch oder achtest nicht auf das Kleingedruckte, was es im Internet genau wie bei einem schriftlichen Vertrag gibt. Und schon stehst du da und sollst spätestens mit 18 plötzlich für etwas zahlen, was du gar nicht haben willst. Oder deine Eltern sollen dafür zahlen und es gibt richtig Ärger. Bevor du irgendwo klickst oder etwas unterschreibst, solltest du daher immer schauen, was das ist. Dann ärgerst du dich weniger und musst dich nicht mit Verträgen ärgern, die du gar nicht haben willst.

#4 Warum kostet das Handy so viel? Kosten richtig verstehen

So oft kommt es vor, dass wir einfach eine Rechnung bezahlen, uns wundern, warum etwas so teuer ist, und gar nicht genauer hinsehen. Ja, das Handy wird schon so viel Kosten. Die Versicherung ist doch total wichtig, die hat meine Oma mir empfohlen! Und ohne Bausparvertrag geht doch sowieso nichts mehr! Halt, Stopp! Genau so solltest du nicht mehr denken. Schaue dir genau an, was dein Handyvertrag enthält und ob du wirklich einen brauchst. Vielleicht ist es sicherer, eine Prepaid-Karte zu haben und ein bezahlbares Smartphone so zu kaufen? Hier hast du die Kosten mehr im Blick. Bausparverträge helfen so oder so nicht mehr so viel. Selbst wenn du bauen willst, gibt es heute bessere Möglichkeiten zum Ansparen. Und wenn du nicht bauen oder dir ein Haus kaufen willst, kannst du es lassen. Bei den Versicherungen gilt nicht, dass „viel viel hilft".

Der einfachste Merksatz für dich ist, dass du erst einmal weiter über deine Eltern versichert bist, zumindest bis du mit dem ersten richtigen Job anfängst. Startest du also mit einer Ausbildung oder einem normalen Job, versicherst du dich selbst. Hier brauchst du eine Krankenkasse und kannst dich vorher beraten lassen, um einen Überblick zu behalten. Du hast noch keinen richtigen Job angefangen? Dann bist du bei deinen Eltern versichert, bis du 25 bist! Das macht es leichter und du brauchst dir noch keine Gedanken um unnötige Versicherungen zu machen. Lerne erst einmal, deine Einnahmen und Ausgaben im Blick zu behalten und fange später an, dich mit der Kranken- und Rentenversicherung sowie mit weiteren Sozialabgaben zu beschäftigen. Das spart Zeit und Nerven. Alle Kosten, die du hast, wie vielleicht ein Handy oder das Fitnessstudio, solltest du aber genau verstehen. Manchmal hilft der Vergleich der einzelnen Tarife. Beim Surfen bei Google findest du schnell Auflistungen von Anbietern, bei denen du für wenig Geld Mitglied bist (oder noch mehr Datenvolumen für weniger Geld bekommst).

#5 Spare beim Anfang: Das Girokonto und seine Tücken

Ein Girokonto brauchst du, denn wie soll dein Geld sonst bei dir ankommen? Die Zeiten, in denen bündelweise Bargeld zur Bezahlung auf den Tisch gelegt wird, sind definitiv vorbei. Bei deinem Girokonto solltest du eines nehmen, welches nichts kostet und einen speziellen Tarif für Schüler, Studenten und Auszubildende hat. Frage ruhig nach, bis wann das Konto kostenlos ist, und erkundige dich unbedingt, bei welchen Geldautomaten du umsonst abheben kannst. Sonst kommen hohe Kosten auf dich zu, wenn du bei jeder Abhebung erst einmal 4 Euro blechen musst. Online-Banken sind auf jeden Fall günstig, falls sie für dich in Frage kommen, doch selbst normale Hausbanken mit Filialen haben tolle Angebote für alle Schüler. Da müsstest du schon sehr viel Pech haben, um etwas zu bezahlen. Lass dir außerdem das Online-Banking einrichten, notfalls erklären und gewöhne dir direkt an, Überweisungen und Daueraufträge zu machen. Das ist viel leichter als ich früher dachte und schenkt dir ganz viel Freiheit für später!

Teste dein Wissen und deine Einstellung

Wie gut kennst du dich denn schon mit Geld und mit Finanzen aus? Hast du hier alle wichtigen Informationen bekommen oder fehlt an der einen oder anderen Stelle doch noch ein wenig? Hier findest du erst einmal einen kleinen Test, der dir deine Einstellung zum Thema Geld besser zeigt und dir verrät, worauf du noch achten solltest. Beantworte daher am besten erst einmal die Fragen und finde so heraus, wie es um deine Einstellung geht:

1. Es ist Donnerstag, das Wochenende naht. Du möchtest dich mit deinen Freunden treffen, hast aber nur noch 10 Euro bis zur nächsten Woche übrig. Was machst du?

   a. Ich überlege, was ich für 10 Euro am Wochenende machen kann.
   b. Ich leihe mir etwas von Freunden, von meinen Eltern.
   c. Ich bleibe Zuhause oder frage meine Freunde, ob wir nicht Sport machen oder uns im Park treffen wollen.

2. Dein Smartphone kann ganz viel und bietet dir an, ohne Bargeld zu bezahlen. Ist das etwas für dich?

   a. Ich finde Bargeld besser und nutze mein Smartphone nicht zum Bezahlen.
   b. Ich zahle alles mit dem Smartphone, Bargeld ist doch veraltet.
   c. Ab und zu mache ich das, aber nur mit Prepaid – ich will nichts ausgeben, was ich nicht habe.

3. Ein Freund sagt dir, dass er nicht weiß, wie viel Geld er im Monat zur Verfügung hat. Irgendwann ist das Geld halt alle und dann muss er schauen. Wie siehst du das?

a. Das ist nicht ganz meins, da hätte ich ja nach ein paar Tagen im Monat kein Geld mehr. Manchmal passiert es mir aber schon.
b. Ich mache es genau wie er. Irgendwann ist das Geld alle und ich muss schauen, wie es weitergeht.
c. Ich habe meine Einnahmen und Ausgaben immer im Blick. Das passiert mir nicht.

4. Dein Opa schenkt dir 100 Euro zum Geburtstag. Was machst du?

a. Ich kaufe mir die neuen Schuhe oder andere neue Klamotten/ ein Computerspiel.
b. Endlich kann ich meinen Freunden das Geld vom letzten Monat zurückgeben!
c. Mein Sparschwein/ Sparbuch freut sich.

5. Du hast die Wahl: Du kannst in den Ferien für 4 Wochen arbeiten und verdienst 800 Euro für die gesamte Zeit. Oder du hilfst deiner Familie am Nachmittag für ein paar Stunden, wofür du 10 Euro pro Stunde bekommst. Was ist dir lieber?

- **a.** Der Ferienjob für 4 Wochen klingt doch super!
- **b.** Ich arbeite nicht, Ferien sind zum Entspannen da.
- **c.** Das sind bei dem Ferienjob ja nur 20 Stunden in der Woche, wenn ich 800 Euro bekomme! Und dann den ganzen Tag arbeiten? Ich helfe lieber meiner Familie, da habe ich noch Zeit für anderes.

Die Auflösung:

Deine Antwort ist vor allem „A“:

Du kennst dich schon etwas aus, hast aber deine Finanzen nicht immer im Griff. Du gönnst dir auch mal was und das ist super – ein bisschen im Blick behalten solltest du deine Finanzen aber schon, dann hast du mehr Spaß am Leben und wirst später keine Probleme mit Schulden bekommen.

Deine Antwort ist vor allem „B“:

Geld oder Finanzen sind dir noch nicht wirklich wichtig. Du entspannst lieber, leihst dir auch ab und zu mal Geld und hast es nicht so ganz im Griff. Dann ist es jetzt umso wichtiger, dass du etwas veränderst! Sonst passiert es ganz schnell, dass du auch später dein Geld nicht im Griff hast und schnell zu wenig in der Tasche hast.

Deine Antwort ist vor allem „C“:

Du bist sparsam und weißt schon jetzt ganz genau, worauf es bei den Finanzen ankommt. Schulden? Nicht mit dir! Gönne dir trotzdem ab und zu etwas und mach sonst genauso weiter wie bisher, Probleme bekommst du so sicher keine!

Sparen ist jetzt ganz egal?

Sparen klingt ganz schön spießig, zumindest im ersten Moment. Dabei hilft dir sparen dabei, freier zu leben, dich ein bisschen abzusichern und Geld für Extras zu haben. Ganz egal, ob es besondere Klamotten, ein Urlaub oder der Besuch im Freizeitpark ist. Für irgendwas brauchst du immer Geld. Hier gibt es viel bessere Möglichkeiten als das Sparschwein, welches wir als Kinder vielleicht alle einmal hatten. Da sich aber in den letzten Jahren vieles ganz geändert hat, findest du hier ein paar wichtige Fakten zum Sparen:

- **Vergiss das Sparbuch!**

Du kannst zum Beispiel ein Tagesgeldkonto nehmen, wenn du dein Geld sofort verfügbar und im Blick haben willst. Das Sparbuch bringt nicht mehr viel, ist eher umständlich und veraltet geworden. Wenn du möchtest, kannst du ein Tagesgeldkonto per App verwalten und siehst direkt, wie dein Guthaben wächst. Selbst bei 5 oder 10 Euro im Monat kommt hier ein bisschen zusammen, auch wenn es im Gegensatz zu früher leider keine Zinsen mehr auf Erspartes gibt. Früher hast du von der Bank Geld geschenkt bekommen, wenn das Geld dort gelagert war. Selbst wenn das nicht mehr geht, bringt es ganz viel, ein bisschen zu sparen, um dir später etwas zu leisten. Klar, es hängt immer von deinen Einnahmen ab, ob das möglich ist. Ein kleiner Nebenjob ab und zu hilft hier und bringt dir mehr Kohle.

- **Lass dir helfen**

Du hast keinen Plan, willst aber sparen und schon jetzt einsteigen? Dann lass dir helfen! Deine Eltern, Videos bei YouTube oder Berater bei Banken bieten es an, dich zu unterstützen. Wer sagt denn, dass du erst mit 30 oder noch später mit dem Sparen loslegen kannst? Eine interessante Möglichkeit für Jugendliche wäre der kleine Einstieg in einen Sparplan, zum Beispiel in einen ETF-Sparplan, der dann mit der Zeit zu einem kleinen Vermögen mit. Ich gebe zu, dass ich unheimlich Spaß daran hatte, meine 10 Euro im Monat in einen solchen Aktien-Sparplan zu stecken und dann zu schauen, wie viel ich an Rendite dazuverdiene. Du weißt nicht was eine Rendite ist? Kein Problem, hier kann man sich ebenfalls helfen lassen, damit du es später leichter hast und sofort weißt, wovon die Rede ist. Rendite nennt man übrigens die Gewinne, die du bei Wertpapieren bekommst, wenn die Kurse hier steigen. So tief musst du gar nicht in das ganze einsteigen, damit es funktioniert.

- **Behalte den Überblick mit Online-Banking & Finanz-Apps**

Heute ist es ganz einfach geworden, den Überblick bei den eigenen Finanzen zu behalten. Dein Smartphone gehört bestimmt zum Alltag dazu, nicht wahr? Hier kannst du dir von der Bank, bei der du ein Girokonto eröffnest, eine App herunterladen. So kannst du mal bei Amazon oder anderen Online-Händlern etwas kaufen, ein bisschen sparen und sogar selbst deinen Handyvertrag zahlen, ohne immer bei den Eltern nachzufragen. Online-Banking hilft hier, alles im Blick zu behalten und selbstständig zu werden, was das Geld betrifft. Hier macht es Sinn, schon vor dem ersten eigenen Girokonto zu schauen, welche Banken ein gutes und einfaches Online-Banking anbieten.

Warum sollst du überhaupt sparen, ist dafür nicht später noch Zeit? Wichtig ist es immer zu sparen, wenn du später Geld für größere Wünsche brauchst. Das kann ein Auto, der Führerschein, ein Urlaub oder vielleicht das Jahr im Ausland direkt nach dem Abi sein. Je mehr du selbst hast, desto freier bist du. Zwar kannst du erst ab 18 wirklich selbst entscheiden, doch es ist sehr wichtig, dass du dich schon vorher mit deinem Geld beschäftigst. Vielleicht bekommst du Taschengeld, vielleicht stecken die Großeltern mal Geld dazu oder du jobbst nebenbei in den Ferien. Ganz egal was du davon machst, wenn du deine Einnahmen und Ausgaben im Blick hast und ein bisschen sparst, kannst du später mehr machen. Oder dir etwas kaufen, was vielleicht sonst gar nicht drin ist.

Überprüfe deine Einnahmen und Ausgaben

Oh, ein ganz wichtiger Punkt, den du besser jetzt als später einmal beachtest. Wer es früh lernt, zu checken, wie viel Geld man ausgibt und wie viel man verdient, hat es später viel leichter. Stell dir einmal vor, dass du in der Ausbildung zum Beispiel 400 Euro bekommst. Du wohnst vielleicht bei deinen Eltern, hast ein Auto und brauchst im Monat 300 Euro für Sprit, Klamotten und fürs Ausgehen. Dann bleiben 100 Euro über. Davon kannst du dir etwas gönnen oder noch besser: Du sparst!

Ein Haushaltsbuch ist nicht nur für Erwachsene oder für deine Eltern wichtig. Du behältst immer den Überblick und weißt, wann du aufpassen musst, weil die ganze Kohle schon weg ist. Je früher du merkst, wie viel du hast, was geht und was gar nicht mehr passt, desto besser lebst du auch. Handy, Laptop, Fitnessstudio und neue Klamotten? Alles kein Problem, wenn du den Überblick behältst und nicht wieder das ganze Geld für Quatsch ausgibst. Finden wir einmal raus, wie du den Überblick behältst und warum das so wichtig ist. Ein paar gute Argumente, um alles im Blick zu behalten, was du ausgibst und was du an Geld bekommst, findest du hier:

#1 Du bist nie mehr pleite

Wie sollst du auch pleite sein, wenn du immer genau siehst, wie viel Geld du einnimmst und ausgibst? Dann bist du bestimmt schlau und planst ein wenig, um am Monatsende noch ein paar Euro übrigzuhaben. Ein gutes Gefühl, das steht fest!

#2 Du kommst ohne Schulden durchs Leben

Schulden sind wirklich mies, stressen dich und sorgen dafür, dass du nie genug hast, um dir etwas zu leisten. Wer ein Haushaltsbuch führt und das ernsthaft macht, kommt aber ganz sicher ohne Schulden durchs Leben. Etwas, was dir später viel Ärger erspart!

#3 Du kannst etwas sparen, um dir Wünsche zu erfüllen

Wenn du im Monat 80 Euro zur Verfügung hast und davon 60 ausgibst, kannst du 20 Euro sparen. Jeden Monat! Das macht schon 240 Euro nach einem Jahr und davon kannst du dir richtig was gönnen, wenn du nur möchtest. Oder du sparst noch mehr für den Führerschein später, für ein Moped oder vielleicht für ein Auslandsjahr.

Du kannst dein Haushaltsbuch in einem kleinen Block führen, eine Excel Tabelle nutzen oder du installierst dir einfach eine passende App. In die trägst du dann Einnahmen und Ausgaben ein und verlierst garantiert nie mehr den Überblick, wenn es um dein Geld geht. Ich hatte früher Freunde, die am Ende so gut waren, dass sie ihren eigenen Eltern dabei geholfen haben, die Einnahmen und Ausgaben zu überprüfen. Warum auch nicht, es kann dir nur helfen, wenn du deine Finanzen voll im Griff hast!

Ziele entdecken: Warum Wissen rund um Geld dir hilft!

Immer wieder geht es um die große Frage: Was willst du machen, worin siehst du deine Zukunft? Geld hilft dir bei all deinen Zielen, macht dich freier und ermöglicht dir, entspannter zu leben. Hast du vielleicht schon von deinen Eltern, von Verwandten oder von den Eltern deiner Freunde mitbekommen, dass sie wohl immer pleite sind? Immer fehlt das Geld, nie reicht es. Oder es gibt ganz viele Kredite, die abbezahlt werden müssen. Haus oder Wohnung, Fernseher, Laptop, Smartphone oder gar die ganze Einrichtung, alles ist auf Pump gekauft. Das brauchst du nicht, wenn du entdeckst, was du willst und dann noch siehst, wie du durch den richtigen Umgang mit Geld weiterkommst.

Überlege dir daher, was deine Ziele sind, damit dein Umgang mit dem Geld anders wird. Versuche wertzuschätzen, warum es dir hilft, wenn du immer Geld zur Verfügung hast. Wenn für dich alles selbstverständlich ist, dann wird es dir in jedem Fall schwerer fallen, richtig mit Geld umzugehen. Außerdem hilft es dir, wenn du dir Ziele setzt und vielleicht schon vorher überlegst, wofür und warum du sparen möchtest. Hast du Dinge, die du dir gerne kaufen möchtest oder die dir wichtig sind? Schreibe einige

Dinge auf und versuche dann, dein Geld so zu verwalten, dass du dein Ziel erreichen kannst. Ein wenig eigenes Geld hilft ebenfalls dabei, sich selbst die Wünsche zu erfüllen und hier nie aufzugeben!

Schreibe dir doch einmal 3 bis 5 Dinge auf, die du gerne erreichen würdest und bei denen es hilft, wenn du deine Finanzen voll im Griff hast. Und mach dir keine Sorgen, denn mit der Zeit wirst du immer besser darin, dein Geld zu verwalten. Ich habe selbst erfahren, dass die richtige Einstellung zum Geld genau wie ein Überblick über Einnahmen und Ausgaben besonders wichtig ist. Dadurch wird für dich in der Zukunft vieles leichter und du musst dich ganz sicher nicht mehr mit Schulden herumquälen!

Schritt für Schritt zum eigenen Geld

Das erste Gehalt als Azubi, ein Ferienjob oder ein kleiner Nebenjob: Es gibt ganz viele Möglichkeiten, um an das eigene Geld zu kommen. Bei mir waren es viele Nebenjobs, die ich immer wieder in den Sommerferien machen konnte und die mir Geld einbrachten. Schließlich kosten alle coolen Dinge richtig viel Geld. Ich meine jetzt nicht, dass du nächsten Monat deine Miete selbst zahlen sollst, sondern dass Kohle für Klamotten, für ein neues Handy und für Ausflüge mit deinen Freunden da ist. Dafür brauchst du dein eigenes Geld und wirst wahrscheinlich nicht lange mit dem Taschengeld auskommen, welches du vielleicht bekommst. Hast du dich schon gefragt, welche Möglichkeiten du hier hast?

Beliebt sind Ferienjobs, die du in den großen Ferien machen kannst. Ein Job, der die ganze Zeit neben der Schule läuft, ist oft zu anstrengend. Wobei du hier ruhig ab und zu ein paar Stunden arbeiten kannst, solange du es nicht übertreibst. So viel ist sowieso nicht möglich, wenn du ein wenig rechnest: Nehmen wir einmal an, du jobbst nebenbei als Babysitter oder trägst Zeitungen aus und bekommst dafür 10 Euro die Stunde. Hier darfst du maximal 45 Stunden im Monat arbeiten, um auf 450 Euro zu kommen. Das sind 11 Stunden die Woche – was natürlich neben der Schule viel ist. Aber viele Nebenjobs wie eben das genannte Babysitten, das Austragen der Zeitungen oder vielleicht Hilfe im Garten umfasst viel weniger Stunden. Mit 2 Stunden in der Woche hättest du aber pro Monat auch schon 80 Euro extra. Was viel Geld ist! Wenn du ein wenig mehr Geld haben möchtest, lohnt es sich, herumzufragen, im Internet zu suchen oder einen Blick in den Wochenanzeiger zu werfen. Da gibt es immer wieder Anzeigen, bei denen auch Schüler gesucht werden. Heute gibt es durch das Internet noch viel mehr Möglichkeiten als früher, wie zum Beispiel die Überwachung von sozialen Netzwerken wie von Instagram oder TikTok für ein kleines Unternehmen. Das kostet oft nicht mehr als 2 Stunden in der Woche – hier findest du Tipps auf passenden Gruppen bei Facebook oder bei der Suche nach YouTube Videos.

Der Klassiker für Schüler sind aber immer noch Ferienjobs, die nur in den großen Ferien gemacht werden. Wenn du in diesen Wochen entspannen willst, kannst du das trotzdem machen. Vielleicht arbeitest du nur 3 oder 4 der 6 Wochen Sommerferien. Oder du findest einen Job, der sich nebenbei am Nachmittag machen lässt. Stell dir zum Beispiel vor, dass du in 4 Wochen der Sommerferien in einem Betrieb, auf einem Hof oder in einem Garten hilfst oder vielleicht Tiere sittest, deren Besitzer im Urlaub sind. Jeden Tag arbeitest du von Montag bis Freitag vielleicht 3 Stunden. Dann sind das bei 10 Euro die Stunde schon 30 Euro am Tag und 150 Euro in der Woche – und 600 im Monat, bei sehr wenig Arbeitszeit. Es kann natürlich sein, dass du mehr oder weniger pro Stunde bezahlt bekommst. Hier ist es wichtig, am Anfang zu überlegen, ein wenig nachzurechnen und dann etwas zu machen, wodurch du noch immer Spaß in den Ferien hast. Niemand verlangt von dir, dass du plötzlich 45 Stunden in der Woche arbeitest und das 6 Wochen lang machst. Dann würdest du ja völlig geschafft wieder zur Schule gehen!

Diese Möglichkeiten gibt es, sodass du selbst für dich entscheiden kannst, ob du einige Stunden in der Woche oder im Monat arbeitest oder lieber in den großen Ferien. Natürlich kannst du auch bis zur Ausbildung warten, bis das erste eigene Geld reinkommt. Bei einem Praktikum hingegen verdienst du nur manchmal etwas, sodass du hier genau fragen solltest, was hier möglich ist und was du erwarten kannst. Woher bekommst du jetzt einen Job, wenn du etwas machen möchtest? Einige Ideen habe ich schon angesprochen, die ich hier zusammenfassen und ein wenig ergänzen möchte:

- Anzeigen im (regionalen) Wochenanzeiger
- Aushänge, Flyer bei Supermarkten, Cafés und Unternehmen
- Jobbörsen im Internet, bei denen nach Schülern gesucht wird oder die Ferienjobs anbieten
- Die Eltern ansprechen und im Bekanntenkreis herumfragen lassen
- Selbst zu Unternehmen gehen, die vielleicht gerade Bedarf haben (z.B. Nutzung von Erntezeiten)
- Das Schwarze Brett (wenn vorhanden) beachten – sowohl in der Schule als auch in Supermärkten

Fange gerade bei der Suche nach Ferienjobs früh genug an und suche rund 2 Monate, bevor die Ferien beginnen. Wer zu spät kommt, bekommt eher nichts mehr oder bekommt nur noch die Jobs, die kein anderer haben wollte. Fängst du aber früh genug an, stehen deine Chancen richtig gut und wenn du dich dann noch motiviert und freundlich präsentierst, hast du sicherlich bald einen Ferienjob, mit dem du ein wenig Geld verdienen kannst. Ganz wichtig ist hier, dass du selbst ein wenig Initiative aufbringst und anfängst zu suchen. Ein guter Job wird schließlich nicht einfach so zu dir kommen, sondern will erst einmal gefunden werden.

Ein Tipp zum Abschluss: Übertreibe es nicht! Bei einem Nebenjob musst du die Grenzen von 450 Euro im Monat einhalten, damit du nicht doch noch Steuern zahlen musst, durch die am Ende weniger für dich übrigbleibt. Ferienjobs bringen gerne mal 1.000 Euro oder noch mehr, was kein Problem ist, da du hier einmal im Jahr mehr verdienst. Hier sammelt sich schon viel an, wenn du bereit bist, nebenbei zu jobben. Vielleicht findest du ja sogar einen Job, der dir Spaß macht und bei dem es dir nicht nur um ein bisschen Extrageld im Monat geht.

Ein Blick zurück: Hätte ich doch mal gewusst, wie...

In den Jugendjahren habe ich den 18. Geburtstag herbeigesehnt. Ich hatte keinen Bock mehr, ständig Vorschriften von meinen Eltern zu bekommen. Alle Regeln sollte ich einhalten, so viel sollte ich lernen. Das hat mich oft so genervt, dass ich nur noch 18 werden und frei sein wollte. Meine Eltern hatten mir ganz viel beigebracht, wenn es um das Thema Geld und Finanzen geht, und haben mir zum 18. einiges gegeben, was sie gespart hatten. Geld war am Anfang daher kein Thema. Ganz anders sah es aber mit dem Beruf aus. Ich versuchte irgendetwas zu finden, wusste nicht, was ich machen sollte und hatte das Gefühl, dass mir niemand wirklich helfen kann. Heute sehe ich ein paar Dinge anders und möchte diese mit dir teilen. Schließlich ist man hinterher immer schlauer, nicht wahr? Bei einem Blick zurück wirst du irgendwann denken: „Hätte ich doch mal" oder „Das hätte ich anders machen sollen". Dann ist es natürlich zu spät! Das geht auch besser, deshalb findest du hier einige Dinge, die ich in deinem Alter gerne (besser) gewusst hätte. Meine wichtigsten (späten) Erkenntnisse habe ich dir hier einmal in 7 Tipps oder Unterthemen zusammengefasst, damit du alles auf einem Blick hast:

#1 Nimm dir Zeit für dich – lebe mehr im Moment

Es wird einem vorgelebt als wäre es ganz normal. Wir hetzen herum, lassen uns leicht ablenken und leben irgendwie gar nicht mehr im Moment. Immer schauen wir auf die Zukunft oder die Vergangenheit. Dabei leben wir doch jetzt und nicht immer nur nächstes Jahr oder letzte Woche – versuche daher mehr im Moment zu leben. Der Vorteil ist, dass du es jetzt lernen und umsetzen kannst und dich viel mehr Glück und Lebensfreude erwarten, als wenn du es erst in 10 Jahren lernst. Ganz viele Erwachsene würden sich wünschen, dass sie mehr im Moment leben und nicht ständig abgelenkt sind. Achtsamkeit wird das dann auch genannt. Das kannst du auch, es hilft dir, mehr zu genießen, dich mehr zu trauen und weniger zu bereuen. Also genau das Richtige für dich, um glücklich zu sein!

Wie sollst du das schaffen, wie kannst du denn mehr im Moment leben? Eigentlich ist es ziemlich simpel, da du zum Beispiel mehr auf das achten solltest, was du isst, was du wahrnimmst und was du siehst. Lege dein Smartphone zwischendurch weg, geh mal ganz ohne Ablenkung im Wald spazieren und achte nur auf den Weg und den Wald. Ohne Musik, ohne Gespräche und ohne Gesellschaft. Du kannst beim Essen darauf achten, was genau du isst, wie es riecht, schmeckt, sich anfühlt und darauf verzichten, beim Essen noch Videos nebenbei zu schauen. Es geht mehr darum, den Moment voll zu genießen, zu spüren, zu fühlen und dich darauf einzulassen. Das macht richtig glücklich, versprochen!

#2 Mach es besser: Ein nachhaltiger Umgang mit der Erde

Klimastreik, Erderwärmung, Plastik überall: Du siehst heute die Folgen des Lebens ohne einen Gedanken an Morgen. Du musst nicht unbedingt zum Klimaaktivisten und zum Tierschützer werden, wenn du nicht möchtest. Aber du kannst nachhaltiger Leben als deine Eltern es getan haben. Ich habe erst jetzt gemerkt, wie wichtig Umweltschutz und ein Blick auf das Klima wirklich sind. Hier hätte ich gerne früher mehr gewusst. Sei aufmerksam, lebe nachhaltiger und mache dir vielleicht Gedanken, ob Fleisch und Fisch jeden Tag auf dem Speiseplan stehen müssen. Nicht umsonst geht der Trend so stark in Richtung der veganen Ernährung, einfach weil Jugendliche und junge Erwachsene heute viel mehr an Morgen denken als es bei den Eltern der Fall war. Klar kannst du den schon entstandenen Schaden nicht ausbessern, aber du kannst dafür sorgen, dass die Erde noch immer ein toller Ort ist, wenn du älter bist.

Ein paar Tipps von mir, die du schnell umsetzen kannst:

- Iss mehr Obst und Gemüse und weniger Fleisch, Fisch und nur ganz wenig Fertigprodukte

- Versuche weniger Plastik zu kaufen und setze auf Produkte ohne viel Verpackung (hier gibt es auch tolle Kosmetikprodukte wie feste Shampoos und Duschzeug)
- Renne nicht jedem (technischen Trend) hinterher
- Mach dich zum Thema Klima schlau!

#3 Nimm dein Leben selbst in die Hand: Eigenverantwortung ist wichtig

Immer sind alles die anderen Schuld? Von wegen! Eine ganz wichtige Eigenschaft, die ich erst mühsam lernen musste, war die Eigenverantwortung. Wir hängen nicht von anderen Menschen und deren Handlungen ab. Wir entscheiden selbst darüber, was wir tun und was nicht. Ich hätte gerne früher schon verstanden, dass wir unser Leben selbst in die Hand nehmen können und selbst die Verantwortung dafür tragen – ohne Ausnahme! Du bist schlecht in der Schule? Dann kannst du lernen oder nach Hilfe fragen. Du hast keine Freunde oder kannst dich nicht richtig integrieren? Dann könntest du an dir arbeiten, um mehr auf andere zuzugehen und um die richtigen Freunde zu finden, die zu dir passen! Wer immer die Schuld auf andere schiebt, macht sich ganz schön unbeliebt bei allen anderen. Und gibt die Verantwortung für das eigene Leben ab – schade, denn du kannst selbst das Beste daraus machen!

#4 Der Umgang mit deinen Eltern: So wird es leichter

Du hast mit 14, 15 oder 16 Jahren echt nicht leicht. Keine Frage. Aber deine Eltern haben sich das auch irgendwie leichter vorgestellt – was meinst du wie viele Ratgeber es für Eltern gibt, die versuchen, irgendwie mit ihren Kindern klarzukommen, die mitten in der Pubertät stecken? Versuche ein bisschen auf deine Eltern zuzugehen, sie zu verstehen und nimm dir ein wenig Zeit, um ab und zu zuzuhören. Sie wollen dir nichts Böses, auch wenn sie gerade nicht in deinen Gedanken stecken. Ich habe erst ein paar Jahre später festgestellt, wie schwierig für meine Eltern diese Jahre waren und wie schlimm es für sie war, dass ich ständig zu spät kam, nachts ewig rausging und ständig „dichtgemacht" habe. Versuche daher schon jetzt, besser mit deinen Eltern zurechtzukommen, dann gibt es für beide Seiten weniger Stress. Es gibt schließlich keinen Grund, dass die Eltern unbedingt ein Trauma deiner Jugendzeit mitnehmen müssen, wenn es anders geht. Mit deinen Eltern hast du starke Helfer an deiner Seite, die dich normalerweise unterstützen wollen. Sag aber auch ganz klar, wenn etwas nicht geht oder wenn du deinen eigenen Weg gehen willst, der nicht zu ihren Vorstellungen passt.

Ich habe mir später gewünscht, dass ich in diesen Jahren besser mit meinen Eltern umgegangen wäre. Es war nicht nötig, dass es teilweise so hässlich wurde und wir eine so schwierige Beziehung bekamen. Das hätte ich gerne schon früher gewusst, um die eine oder andere Sache nicht so zu lösen, wie ich es gemacht hatte.

#5 Sexualität und Beziehungen: Hilfe für den Anfang

Wenn es etwas gibt, was richtig kompliziert und verwirrend ist, dann sind es Beziehungen und die Sexualität. Ich habe erst später bemerkt, dass ich viel zu viel erzwingen wollte, weil es doch „normal" war. Lass dich von niemandem zu etwas überreden, was dir nicht passt oder was noch zu früh ist. Ganz oft lassen sich Jugendliche auf Küsse, Petting oder Sex ein, obwohl die andere Person gar nicht passt, nur weil es halt normal ist. Das gleiche gilt für Beziehungen. Niemand kann dir vorschreiben, was wann richtig ist. Ich hätte mir heute gerne mehr Zeit gelassen und die ersten Erfahrungen lieber mit einer anderen Person gesammelt. Die ersten Beziehungen waren auch nicht so toll, hier wurde es erst mit der Zeit besser. Deshalb: Mache deine Erfahrungen, pass ein wenig auf dich, deine Gesundheit und dein Herz auf, dann wird es passen und du musst nichts bereuen.

Übrigens: Der erste Liebeskummer ist definitiv der schlimmste und kann mit nichts verglichen werden, was dann kam. Aber der Vorteil ist, dass diese Gefühle wieder vorbeigehen, du aus jeder Beziehung etwas lernen kannst, und dir in Zukunft jemanden suchen kannst, der besser zu dir passt.

#6 Gleich und gleich... - Suche dir Gleichgesinnte fürs Leben

Es ist ein wenig wie in diesen ganzen High-School-Komödien, die man bei Netflix und manchmal im Kino sehen kann: Es gibt immer die Grüppchen mit gleichen Interessen. Hier gibt es die Sportler, die Streber, die Nerds, die Computerspieler und die Coolen, um nur ein paar Gruppen zu nennen. Zwar ist die ganze Gruppenbildung wirklich lustig, wenn du ein wenig später darauf zurückguckst. Aber es macht Sinn, dass du dir ein paar Gleichgesinnte suchst und nicht versuchst, krampfhaft in eine Gruppe reinzukommen, die gar nicht zu dir passt. Das stresst nur, macht nicht zufrieden und wird am Ende sowieso nur auseinandergehen. Entdecke daher, was dir gefällt, lerne dich, deine Hobbies, deine Interessen und deinen Charakter kennen und suche dir passende Gruppen für dich. Niemand bleibt hier allein, du solltest nur schauen, dass du dich wirklich wohlfühlst.

Ich habe früher viel zu oft versucht, in irgendwelche Gruppen mit dazuzugehören und wollte mich ändern, damit ich dazu passe. Dabei passte ich nicht zu den „Coolen“, ganz egal was ich gemacht habe. Es wäre besser gewesen, das direkt einzusehen und lieber gleichgesinnte Freunde zu suchen, womit ich erst später angefangen habe.

#7 Trau dich mehr!

Je älter wir werden, desto schwerer fallen Neuanfänge, desto schwieriger wird oft der Start mit neuen Hobbies oder das Ansprechen von Fremden. Ich hätte mich früher gerne mehr getraut, wäre gerne selbstbewusster gewesen, was ich nicht war. Ich hatte Angst vor den Reaktionen der anderen, dachte immer, dass alle über mich sprechen oder komisch von mir denken würden. Dabei haben die anderen viel zu viel zu tun, um so zu denken. Versuche schon jetzt, selbstbewusster zu werden, positiv eingestellt zu sein und lerne, dich selbst mit allen Stärken und Schwächen zu akzeptieren. Such in dem Zusammenhang mal nach „Selbstliebe“ und nach Übungen, wie du dich selbst mehr lieben kannst. Trau dich was, werde mutiger, stärker und versuche, nicht immer im gleichen Trott zu bleiben. Das sorgt für ein spannenderes Leben und nein, ich meine jetzt nicht, dass du Alkohol, Drogen oder anderes ausprobieren sollst, ganz und gar nicht. Hier geht es um Aktivitäten wie vielleicht um das Springen vom Sprungbrett im Schwimmbad, um das Ansprechen von neuen Menschen, um Partys, auf denen du niemanden kennst und die dann ein echtes Ereignis werden. Probiere auch bei deinen Klamotten mal etwas Neues aus, trau dich vielleicht an einen neuen Haarschnitt und lebe viel öfter so als gäbe es keinen anderen auf der Welt, der hier seine Meinung dazugeben könnte. Das macht freier, sorgt für mehr Spaß und hilft dabei, die richtigen Erfahrungen für ein einzigartiges Leben zu machen!

Fazit

Der Start in die Erwachsenenwelt ist wie eine verrückte, spannende Reise. Man weiß nie so ganz, was kommt, vieles verwirrt und es warten so viele neue Dinge, mit denen man kaum umgehen kann. Außerdem wirkt es richtig spießig und langweilig, sich Gedanken über Schule, Berufe und Geld zu machen. Man will doch nicht so sein, wie die eigenen Eltern! Dabei hast du jetzt die Chance, dein Leben so zu leben, wie es dir gefällt. Es gibt einige Entscheidungen, die du jetzt treffen musst. Vor allem, wenn es um Schule, Beruf oder um das erste Geld geht. Gleiches gilt für die eine oder andere Beziehung, für das erste Mal und für die Idee, die du von deinem Leben hast.

Das Schöne ist, dass dir wirklich die ganze Welt offensteht. Du musst dich nicht einschränken, kannst ausprobieren und bist frei, so ziemlich jeden Weg zu gehen, der zu dir passt. Entscheide dich dafür, die Schule mitzumachen, mache dir die Zeit des Lernens leichter und freue dich dafür auf mehr Freizeit. Viel arbeiten musst du später immer noch, jetzt geht es darum, die Jahre zu genießen und trotzdem so viel wie möglich aus allem herauszuholen. Die Lerntipps in diesem Buch helfen dir dabei genauso wie die Gedanken zu deinem Traumberuf, damit du nicht erst Dinge machst, die gar keinen Spaß machen. Am Ende kannst du es schließlich immer einfacher oder schwerer machen, es liegt ganz an dir!

Zwar wartet eine Zeit mit vielen Umbrüchen und ganz schön schweren Entscheidungen auf dich, schön sind die Jahre trotzdem. Versuche so früh wie möglich deinen eigenen Weg zu gehen und dich nicht zu stark von außen beeinflussen zu lassen. Deine Eltern können dir Tipps geben und wollen, dass du deinen Weg so gut wie möglich gehst, und dabei glücklich wirst. Doch deine eigenen Vorstellungen können natürlich stark von dem abweichen, was deine Eltern so für dich planen. Lass dich dadurch nicht verrückt machen und konzentriere dich lieber auf all das, was dir wirklich Spaß macht!

Neben den Themen Schule und Beruf lag mir das Thema Geld auf dem Herzen, da es so oft vorkommt, dass mit dem ersten Geld alles auf Pump gekauft wird. Der falsche Umgang mit Geld kann später richtig große Probleme mit sich bringen und macht dich auf Dauer garantiert nicht glücklich. Das gleiche gilt für zu viel Alkohol, für Drogen und für andere verrückte Sachen, die viele mit 14 oder 15 gemacht haben. Später bereust du das eine oder andere vielleicht doch, weshalb es Sinn macht, schon jetzt zu überlegen und gute Entscheidungen zu treffen.

Haftungsausschluss

Die Umsetzung aller enthaltenen Informationen, Anleitungen und Strategien dieses Werkes erfolgt auf eigenes Risiko. Für etwaige Schäden jeglicher Art kann der Autor aus keinem Rechtsgrund eine Haftung übernehmen. Für Schäden materieller oder ideeller Art, die durch die Nutzung oder Nichtnutzung der Informationen bzw. durch die Nutzung fehlerhafter und/oder unvollständiger Informationen verursacht wurden, sind Haftungsansprüche gegen den Autor grundsätzlich ausgeschlossen. Ausgeschlossen sind daher auch jegliche Rechts- und Schadensersatzansprüche. Dieses Werk wurde mit größter Sorgfalt nach bestem Wissen und Gewissen erarbeitet und niedergeschrieben. Für die Aktualität, Vollständigkeit und Qualität der Informationen übernimmt der Autor jedoch keinerlei Gewähr. Auch können Druckfehler und Falschinformationen nicht vollständig ausgeschlossen werden. Für fehlerhafte Angaben vom Autor kann keine juristische Verantwortung sowie Haftung in irgendeiner Form übernommen werden.

Urheberrecht

Impressum

2022

1. Auflage

Kontakt: Distergold Media

Dubliner Str.1

60327 Frankfurt

Printed in Germany
by Amazon Distribution
GmbH, Leipzig

26317636R00063